U0498074

贵州省教育厅高等学校人文社会科学项目研究成果

地方本科师范院校师范生专业技能的构成要素及评价指标体系

龙　欢◎著

西南财经大学出版社

四川·成都

图书在版编目(CIP)数据

地方本科师范院校师范生专业技能的构成要素及评价指标
体系/龙欢著.—成都:西南财经大学出版社,2023.9
ISBN 978-7-5504-4814-8

Ⅰ.①地… Ⅱ.①龙… Ⅲ.①地方高校—师范教育—教学
技术—评价指标—研究—中国 Ⅳ.①G424

中国版本图书馆 CIP 数据核字(2021)第 043947 号

地方本科师范院校师范生专业技能的构成要素及评价指标体系
DIFANG BENKE SHIFAN YUANXIAO SHIFANSHENG ZHUANYE JINENG DE GOUCHENG YAOSU JI PINGJIA ZHIBIAO TIXI
龙 欢 著

责任编辑:金欣蕾 冯 雪
责任校对:向小英
封面设计:墨创文化
责任印制:朱曼丽

出版发行	西南财经大学出版社(四川省成都市光华村街 55 号)
网 址	http://cbs.swufe.edu.cn
电子邮件	bookcj@swufe.edu.cn
邮政编码	610074
电 话	028-87353785
照 排	四川胜翔数码印务设计有限公司
印 刷	成都市火炬印务有限公司
成品尺寸	170mm×240mm
印 张	6.5
字 数	112 千字
版 次	2023 年 9 月第 1 版
印 次	2023 年 9 月第 1 次印刷
书 号	ISBN 978-7-5504-4814-8
定 价	50.00 元

1. 版权所有,翻印必究。
2. 如有印刷、装订等差错,可向本社营销部调换。

前　言

　　无论是对个体还是对社会而言，教育都是一项伟大而卓越的育人活动。教育大计，教师为本。在整个教育活动中，教师的质量无疑是教育活动中最关键的要素之一。教师是否具有良好的师德修养、高尚的职业情操、深厚的理论功底、扎实的教学技能，都直接影响到教育成效的高低，最终影响到人才培养质量的高低。

　　师范生的专业技能是师范生通过专业学习所习得的将来从事教师职业所必需的各种技能。现有师范生专业技能的培养成果的优劣情况直接决定着未来教师职业技能水平的高低，直接决定着其走上工作岗位是否能顺利地完成教育教学任务以及完成质量的优劣，并最终影响着我国各级各类学校人才培养质量的高低。

　　近年来，针对中小学教师培养中的薄弱环节和深层次问题，国家陆续出台了一系列政策，目的在于培养一大批师德高尚、专业基础扎实、教育教学能力和自我发展能力突出的高素质专业化中小学教师。在时代的迫切要求下，作为依托区域、服务地方的地方本科师范院校，更应在深化教师培养机制、课程、教学、师资、质量评价等方面响应国家号召，积极探讨如何进行综合改革以及深化人才培养模式，为国家培养一批不仅有理想信念、有道德情操，还有扎实学识和专业技能，能扎根一线、服务地方的卓越教师。

　　然而，地方本科师范院校在发展转型过程中，为寻求、获取更多外部发展资源，往往过于强调发展中的"学术性"，而忽略了"师范性"这一基本特色，使得其传统的教师教育特色流失。在师范生的培养方面，有着重理论学习轻实践操作、重知识灌输轻技能训练的倾向。如何提升地方本科师范院校的人才培养质量？如何回归本质、做精师范、做强师范，把好师范的"源头水"？这些问题是摆在地方本科师范院校面前首先要解决的问题。

兴义民族师范学院的办学渊源可追溯至1813年重建的笔山书院。1952年2月组建贵州省兴义师范学校后，开启了黔西南地区现代师范教育的历史。兴义民族师范学院是一所典型的"省州共建、以州为主"的地方性全日制本科院校。在师范生的培养中，该校逐渐摸索出了一条特色发展的道路。本书以兴义民族师范学院小学教育专业的师范生培养为研究对象，立足于地方本科师范院校的实际特点与办学特征，采用模糊层次综合评价法这一数学研究方法，通过文献研究、问卷调查、专家访谈等方法选取师范生专业技能的关键指标，建立数学模型、确定各指标之间的权重，并进行数学一致性检测，力图构建科学合理的师范生专业技能评价指标体系。

希望本书的出版能为地方本科师范院校师范生专业技能的评价提供参考，促进人才培养质量的提升。限于笔者研究水平，书中存在许多不足之处，希望各位行业专家、一线教师和师范生提出宝贵意见。

龙欢

2022 年 10 月

目　录

第一章 绪论

第一节 研究背景

一、卓越教师培养计划背景

随着信息时代和知识经济时代的到来，人才质量成为各国综合竞争力的决定性因素，而教育是人才培养的主要途径，教育已经逐步成为各国之间综合国力竞争的关键因素。人才培养质量与教师质量密切相关。

习近平总书记在党的十九大报告中强调："优先发展教育事业。建设教育强国是中华民族伟大复兴的基础工程，必须把教育事业放在优先位置，深化教育改革，加快教育现代化，办好人民满意的教育。""要全面贯彻党的教育方针，落实立德树人根本任务，发展素质教育，推进教育公平，培养德智体美全面发展的社会主义建设者和接班人。"

2018 年 9 月，《教育部关于实施卓越教师培养计划 2.0 的意见》发布，其中指出"围绕全面推进教育现代化的时代新要求，立足全面落实立德树人根本任务的时代新使命，坚定办学方向，坚持服务需求，创新机制模式，深化协同育人，贯通职前职后，建设一流师范院校和一流师范专业，全面引领教师教育改革发展"。

国家对教师教育高度重视，颁布了一系列教师教育政策，为教师教育发展提供了充分的保障，也给教师教育发展带来了更大的机遇和空间。

二、教师教育振兴计划视域

2018 年 2 月，教育部等五部门联合发布了《教师教育振兴行动计划（2018—2022）》（以下简称《计划》）。《计划》提出："经过 5 年左右努力，办好一批高水平、有特色的教师教育院校和师范类专业，教师培养培训体系基本健全，为我国教师教育的长期可持续发展奠定坚实基础。师德教育显著增强，教师培养培训的内容方式不断优化，教师综合素质、专业化水平和创新能力显著提升，为发展更高质量更加公平的教育提供强有力的师资保障和人力支撑。"《计划》的提出，明确了在 2018—2022 年我国要引导支持办好师范类院校和师范类专业。在此背景下，地方本科师范院校应与时俱进，制定新的师范生培养策略，培养出一批学科知识扎实、专业能力突出、具有教育情怀的师范毕业生。

三、教育振兴助力乡村振兴蓝图下

经过全党全国各族人民共同努力，在迎来中国共产党成立一百周年的重要时刻，我国脱贫攻坚战取得了全面胜利。在新征程上，全面推进乡村振兴，而乡村振兴的关键在于乡村教育振兴。地方本科师范院校作为培养"乡村园丁"的主要阵地，是我国教育系统中不可分割的重要组成部分。大力发展地方本科师范院校，培养和造就乡村教育人才，对促进乡村地区的经济、社会发展，巩固团结，保持稳定，实现各民族的共同进步具有十分重要的意义。

四、教育部出台五类师范生教师职业能力标准

为了进一步深化教育领域"放管服"，完善教师资格准入办法，吸引优秀人才到中小学任教。2020 年 8 月，国务院常务会议决定，推进师范生免试认定教师资格改革，建立健全教师教育院校对师范生教育教学能力进行考核的制度，加快推进允许教育类硕士及以上学历毕业生、公费师范生免试认定教师资格。为深入贯彻党中央、国务院决策部署，2020 年 9 月，

教育部印发《教育类研究生和公费师范生免试认定中小学教师资格改革实施方案》，要求实施免试认定改革的高等学校，根据师范生教师职业能力标准，建立师范生教育教学能力考核制度。考核制度包含培养过程性考核和师范生教师职业能力测试。

2021年4月，教育部印发《中学教育专业师范生教师职业能力标准（试行）》（以下简称《能力标准》）等五个文件，分别明确中学教育专业、小学教育专业、学前教育专业、中等职业教育专业和特殊教育专业师范生的教师职业能力，即师德践行能力、教学实践能力、综合育人能力、自主发展能力，可概括为"一践行，三学会"：践行师德、学会教学、学会育人、学会发展。这五个文件的出台旨在加强师范类专业建设，建立师范生教育教学能力考核制度，推动教师教育院校将国家中小学教师资格考试标准和大纲融入日常教学、学业考试和相关培训中，提高师范类专业人才培养质量，从源头上提升教师队伍教书育人的能力水平。

《能力标准》着眼新时代教师培养目标。围绕有理想信念、有道德情操、有扎实学识、有仁爱之心的好老师培养，《能力标准》突出师德师风第一标准，细化师范生实践能力要求，为地方本科师范院师范类专业建设和师范生专业能力水平培养、考核指明方向。地方本科师范院校应严格贯彻落实《能力标准》，加快建立师范生教育教学能力考核制度，加强师范生专业能力培养的过程性考核，统一组织师范生专业能力测试。

五、地方本科师范院校办学特色逐渐弱化

近年来，地方本科师范院校在发展转型过程中，为寻求、获取更多外部发展资源，往往过于强调发展中的"学术性"，而忽略了"师范性"这一基本特色，使得传统的教师教育特色流失，产生"师范性"和"学术性"之争。在师范生的培养方面，地方本科师范院校有着重理论学习轻实践操作，重知识灌输轻技能训练的倾向，师范生专业技能的培养现状令人担忧。教师是教育工作的中坚力量，有高质量的教师，才会有高质量的教育。培养高素质的基础教育师资应该是地方本科师范院校的底色与灵魂。

加强师范生专业技能的培养，加强师范生培养的过程性考核，是地方本科师范院校与时俱进、强化师范类办学特色的必然选择，也是其最大特色。

本书所做研究根据教育部印发的《中学教育专业师范生教师职业能力标准（试行）》，结合地方本科师范院校的办学特色，尝试建立地方本科师范院校师范生专业技能的评价指标体系，有利于地方本科师范院校构建具有教师教育特色的培养体系，创新人才培养模式，提升办学质量，从而推动地方本科师范院校师范性特色发挥，最终实现健康可持续的发展。

第二节 研究现状

一、关于教师专业技能的内涵界定

在国内外众多关于教师专业技能的内涵界定中，"活动方式说""行为说""结构说"和"知识说"最具有代表性。以莫里逊为代表的"行为活动说"派认为：教学技能是一种活动；教师专业技能是为了达到教学上规定的某些目标所采取的一种极为常见的、一般认为是有效果的活动方式。以克里夫·特尼、李克东和朱新春等为代表的"行为说"派认为：教师的教学技能是一系列教学行为方式；教师的教学技能是在课堂中教师一系列的教学行为，这些行为是影响教学质量、促进学生学习的主要方面，它们具有可观察性、可描述性和可培训性，每一种行为又能被分解为不同的构成要素。以斯诺为代表的"结构说"派认为：教师的教学技能是由教师的教学行为与认知活动组成的相互影响的序列；教师的专业技能是由与行为及认知有关事项的结构系列组成的。以加涅为代表的"知识说"派认为：教师专业技能是用于具体教学情境中的一系列操作步骤，包括教师在教学中的动作技能、智慧技能、认知策略等。

综上所述，各观点均以不同的理论为依托，多角度地界定了教师专业技能的内涵。通过对以上四种观点的分析与比较，我们可以得出以下结论：①教师专业技能是一系列可观察的、可操作的、可测量的外显行为；

②这一系列行为既是教师已有认知结构对知识的理解、对教学情境的把握、对教学行为等的选择，同时也是一个复杂的认知过程和心理过程；③教师专业技能能够帮助教师顺利完成教育教学任务。国内学者胡淑珍等于 2002 年综合了以上四种观点，提出教师的专业技能是指教师运用已有的教学理论知识，通过练习而形成的稳固的、复杂的教学系统。它既包括在教学理论基础上，按照一定的方式进行反复练习或由于模仿而形成的初级教学技能；也包括在教学理论基础上按一定方式经多次联系，使教学活动方式的基本成分达到自动化水平的高级教学技能及教学技巧。董泽芳（2008a）认为，"专业技能是通过特定专业活动服务的技能"。赵晓燕等认为，专业技能是师范生在专业学习中，运用一定的教育理论知识和实践经验，通过练习而获得的为将来从事职业教育、顺利完成教育教学任务，包括心智活动和肢体动作方式在内的一整套复杂的操作系统。

在与其相关的临近概念"教师职业技能"的界定上，国内学者董泽芳等（2008b）认为："师范生专业技能同教师职业技能既有联系又有区别。虽然二者在内涵和目标上具有一致性，但在程度和阶段上有所区别。教师职业技能是指教师作为一种职业资格所具备的各种技能；而师范生专业技能是指师范生通过专业学习为将来从事教师职业所具备的各种技能。因此，未来教师职业技能是在现有师范生专业技能的基础上发展起来的。"可见，对师范生专业技能的训练情况的好坏直接影响着未来教师职业技能的高低，直接影响着其走上工作岗位是否能顺利地完成教育教学任务以及其完成质量的高低，并最终影响着我国各级各类学校的人才培养质量的高低。

二、关于教师专业技能的分类界定

（一）国外关于教师专业技能的分类

美国斯坦福大学教授艾伦和瑞安根据教师专业经验和专家对教师行为的分析，从多种要素中提炼出了 14 种普通的教学技能，分别为刺激多样化、导入、总结、非语言性启发、强调学生参与、流畅提问、探索性提问、高水平提问、分散性提问、确认、图解的范例应用、运用材料、有计划地重复和交流的完整性。美国学者米歇尔和罗伯特·海涅克按照时间顺序将课堂教学技能分为六类，即"分析学习者特征，陈述学习目标，选择、调整、设计教学材料，利用教学材料，要求学习者做出反应，评价"。英国学者路易斯·莫利将教师的专业技能分为"教学之前的技能、教学之中的技能和教学之后的技能"，他认为"教学之前的技能共有七个步骤：决定教学内容、编写目标、导入、选择教学策略、结束、评价、再次确定教学内容。教学之中的技能是将计划付诸实施的过程，包括建立认知、交流、使用刺激变化、有效使用强化、提问和课堂管理等。教学之后的技能主要是针对计划的评价，包括收集信息和分析判断学生学业成绩"。日本的学者将教师的课堂教学技能分为八大要素，即导入、展开、变化、总结、提问、例证、演示和板书。从国外研究综述中不难看出，对教师的专业技能的内涵的界定还存在着"师范生专业技能"与"教师技能""教学技能"混用的现象。国外学者的相关研究较多，但是缺乏统一的分类依据。

（二）国内关于教师专业技能的分类

总体而言，我国学者对教师专业技能的分类包括以下三种。第一类：根据日常教学活动的顺序分类。我国教育学类教材一般都持此种观点，认为教师专业技能包括组织技能、表达技能、科研技能和自我调控技能。此外，于加洋认为：教师的教学技能主要包括教材内容的分析和处理、课堂教学的设计与实施、课堂教学的导入、教具的使用与演示、课堂教学气氛的形成与调控等。第二类：根据教师工作的特殊性分类。叶澜等（1991）认为，"教师的专业能力应该包括一般能力和教师专业特殊能力两个方面"，"教师专业特殊能力又可以分为两个层次：一个是与教师教学直接联系的特殊能力；另外一个是有利于深化教师对教学实践认识的教育科研能力"。欧阳文认为教师的教学技能分为教学的动作技能和教学的心智技能两大类。第三类：根据教师的职业发展情况分类。马力认为一名合格的教师应该具备娴熟驾驭现代信息的能力、有效地协调人际关系与沟通表达的能力、问题解决的行动研究能力、创新思维与实践的能力、批判反思和自我发展的能力。

我国学者董泽芳（2008b）将教师的专业技能分为基础技能、教学技能、教育技能和教研技能四大方面。这是我国目前关于教师专业技能较为权威的分类。许多学者均以此为研究和分类基础。董泽芳（2008a）认为："基础技能包括口语技能、书写技能、信息技能与沟通技能，是教师不可或缺的技能，也可以被称为'教学基本功'。教学技能包括教学设计技能、教学操作技能与教学评价技能。教育技能包括思想教育技能和班级管理技能。教学技能和教育技能是建立在基础技能之上的两大应用性技能，涵盖教师工作的全部内容，是师范生专业技能结构中最主要的技能。教研技能包括教学研究技能和教育研究技能，是促进教师不断提高教学水平从而实现自我发展的技能。"我国学者赵晓燕等在对教师专业技能的分类上同样采用了董泽芳的分类方法。本书所做研究也采用此分类方法，将教师的专业技能分为四大方面，即师范生的基础技能、师范生的教学技能、师范生的教育技能和师范生的教研技能。

第三节　研究趋势

一、研究视角的多样化

在研究教师专业技能的过程中，许多学者不仅将其与社会发展的趋势、国家的相关制度以及目前我国教育的基本形式结合起来，也将其同我国正在进行的核心素养教学、基础教育改革、师范院校的转型和学生的综合素质培养结合起来，从而使相关研究视角更加多样。

二、研究方法的多元化

不少学者将理论研究与实证研究、整体研究与个案调查、问题分析与对策探讨相结合。例如：有的学者通过理论研究对教师专业技能的要素进行分析，并通过实证研究对教师专业技能的现状进行分析；有的学者通过个案研究来探讨形成良好教师专业技能的规律，并进行推广；等等。

第四节　研究意义

一、理论意义

本书所做研究丰富了师范生专业技能的研究方法和研究视角。本书所做研究立足于地方本科师范院校的实际特点与办学特征，采用模糊层次综合评价法（fuzzy analytic hierarchy process，FAHP）这一数学研究方法，并通过文献研究、问卷调查、专家访谈、专家咨询等方法选取分析师范生专业技能的关键指标，进而建立数学模型、确定各指标之间的权重、进行数学一致性检测，力图构建科学、合理的师范生专业技能评价指标体系，供地方本科师范院校使用。

二、实践意义

本书所做研究通过建立地方本科师范院校师范生专业技能的评价指标体系，来研究地方本科师范院校如何构建具有教师教育特色的培养体系，最终促进地方本科师范院校健康可持续发展。

本书所做研究为地方本科师范院校评价师范生专业技能提供了一套行之有效的评价指标体系，从而有助于改善师范生专业技能培养质量下降的现状，改善目前地方本科师范院校师范生的人才培养体系，探索和创新师范生专业技能培养的有效途径，以满足新时代国家对地方本科师范院校在提高师范生培养水平、提高教师教育质量等方面的要求。

第五节　研究方法

本书主要使用了以下几种研究方法：

（1）文献研究法。文献搜集在很大程度上决定了本书所做研究可能达到的水平，全面、系统、真实地对文献进行搜集、整理和逻辑加工是本书所做研究的坚实基础。笔者通过去图书馆查阅相关书籍，并充分利用知网、维普、超星等数据库以及网络搜索引擎，查阅了有关师范生专业技能的内涵及其分类等方面的研究，从而为本书所做研究奠定了丰富的理论基础。

（2）模糊综合评价法。模糊综合评价法是一种定性与定量相结合的评价方法。该方法需先用层次分析法确定因素集，然后用模糊综合评判确定评判效果。该评价方法能较好地将定性评价转为定量评价。本书所做研究通过使用该方法较好地解决了师范生专业技能难以量化的问题。

（3）访谈法和问卷法。笔者通过对地方本科师范院校管理者、授课教师、中小学一线教师与业界专业人士的深度访谈与咨询获取一手资料，并对师范生的专业技能指标进行二次选取；通过制定调查问卷，对选取的师范生专业技能的评价指标进行数据分析，力图得出其权重分配，为下一步构建评价指标体系打下基础。

第六节　研究思路

本书的研究思路如下：

第一，笔者从相关国内外研究文献资料中，对师范生专业技能的指标要素进行第一次选取；第二，笔者通过问卷调查、专业深度访谈等，对地方本科师范院校师范生专业技能的指标要素进行第二次选取；第三，笔者通过模糊层次综合评价方法建立数学模型，确立每个指标的权重，并进行数学检测，初步建立起地方本科师范院校师范生的评价指标体系；第四，笔者将初步建立起的评价指标体系运用于兴义民族师范学院师范生专业技能的实证研究中，再次检验指标体系的完整性、科学性和合理性；第五，笔者对建立起的指标体系进行修改、完善与补充，最终构建了地方本科师范院校师范生专业技能的评价指标体系。本书的研究思路如图1-1所示。

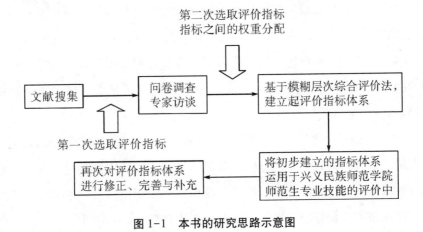

图1-1　本书的研究思路示意图

第七节　核心概念界定

一、模糊层次综合评价法

模糊层次综合评价法是一种将模糊综合评价法和层次分析法相结合的评价方法。该方法在体系评价、效能评估、系统优化等方面有着广泛的应用，是一种定性与定量相结合的评价模型。该评价方法根据模糊数学的隶属度理论将定性评价转为定量评价，即用模糊数学对收到多个因素制约的事物或对象做一个总体的评价。它具有结果清晰、系统性强的特点，能较好地解决模糊的、难以量化的问题。

二、地方本科师范院校

当前，我国教师教育体系是以师范院校为主体，其他非师范院校，尤其是综合院校共同参与组成，有中专、大专、本科和研究生四个层次。本科层次的培养院校有四年制的师范大学、师范学院和综合大学的教育学院。本书中的地方本科师范院校是指由地方政府管辖的地方师范大学和地方师范学院。

三、教师专业技能

技能并不是先天拥有的，而是后天通过一定方式习得，不断熟练化并且通过一定的行为方式表现出来的。孟邵兰认为，技能是在活动中经过练习获得的，是活动顺利完成的动作或动作系统。林崇德认为，技能是熟练的、按照一定的规则顺利组织起来的动作系列，教师的专业技能也被称为教师的专业教学技能，主要是指师范生在学习了一定的教学理论后经过反复练习或由于模仿而形成的初级教学技能。本书采用国内学者赵晓燕等的定义，即专业技能是师范生在专业学习中，运用一定的教育理论知识和实践经验，通过练习而获得的为将来从事职业教育、顺利完成教育教学任务，包括心智活动和肢体动作方式在内的一整套复杂的操作系统。

第二章 地方本科师范院校师范生专业技能的构成要素及评价指标体系的构建

　　随着社会的发展，教师这个职业越来越受到欢迎和追捧。为了适应教师专业化发展的需求，国家明确了教师专业技能的基本要求，师范生的专业技能一直是师范生培养的重中之重。良好的专业技能训练不仅是师范生取得教师资格的前提条件，更是其得到专业化发展，走向事业成功的重要基石。

　　本书所做研究根据地方本科师范院校的办学实际，结合国内外师范生技能培养的相关文献，基于师范生技能培养的规律将师范生的技能分为：基础技能、教学技能、教育技能、教研技能四个方面。笔者以调查问卷的形式对地方本科师范院校师范生专业技能要素的重要程度进行了调查，选取一线中小学教师、校长、行业标杆和骨干教师，以及兴义民族师范学院部分师范生为调查对象，采用随机抽样的方法发放问卷 500 份，回收 488 份，其中有效问卷为 479 份。本书所做研究运用层次分析法对地方本科院校师范生专业技能要素的重要程度进行对比评价，计算出每种要素的相对权重，并利用模糊层次综合评价法对师范生专业技能要素的重要程度做出评价，为地方本科师范院校师范生的专业技能培养提供了参考数据与依据。

第一节　地方本科师范院校的办学特点

本书所做研究中的地方本科院校是指隶属省级人民政府，由省级、地市级人民政府主办或主管，包括省部共建或省市共建管理体制的地市本科院校，即非直属于教育部或各部委的、非国外举办或所属的全日制公办本科院校。

地方本科师范院校已成为我国教师教育的中坚力量。我国地方本科师范院校在办学历史、办学规模、办学类型、办学布局、办学条件等方面存在差异，但大多数地方本科师范院校具有地方性特点。

《中国教育改革和发展纲要》中明确指出：高等教育的发展"要区别不同的地区、科类和学校，确定发展目标和重点，制订高等学校分类标准和相应的政策措施，使各类型的学校合理分工，在各自的层次上办出特色"。

地方本科师范院校归当地政府管理，它主要是为满足当地地方人才需求服务，从而为当地地方经济发展服务。地方性是地方本科师范院校的一个最基本的特征，为当地地方的经济社会发展服务是地方本科师范院校的主要任务。

地方本科师范院校是我国教师教育大众化的主力军，也是本科教育的主体。不同于其他高校，我国地方本科师范院校的任务与目标，是为地方教育培养人才，服务与支持地方教育的发展，着眼于地方发展需要，从而构建特色专业和特色校园文化。因此，地方本科师范院校的师范生培养，不仅要遵循一般师范院校人才培养的普遍规律，而且要立足办学实际，走出一条特色发展的新路。多数地方本科师范院校以培养教学型和技能型的教师为主。由于地方本科师范院校毕业生主要是面向地方就业，因而其着重培养学生具备适应地方发展需求的各种专业能力，为地方社会经济建设培养各类高质量应用型人才。

第二节　层次分析法的运用

层次分析法（AHP）将定性分析与定量分析相结合，将模糊或复杂的决策问题分解成组成因素，让各因素按照支配关系形成层次结构，再逐层比较相关因素，检验比较结果的合理性，确定各因素的权重（许成鹏，2007）。建立在实验心理学和矩阵论基础上的层次分析法易被大多数领域的学者接受，由于原理清晰、简明，研究与应用该方法的学者无须花费大量的时间便能很快进入研究角色。同时，大部分决策问题都同时包含许多定性与定量因素，层次分析法满足了学者处理这类决策问题的需要。层次分析法的步骤如图 2-1 所示。

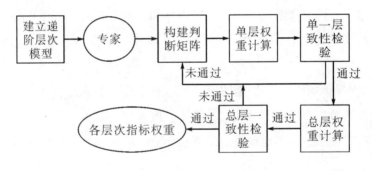

图 2-1　层次分析法的步骤

一、建立递阶层次模型

运用层次分析法时，首先要将复杂的问题简单化、层次化，构造出递阶层次模型。按照层次分析法建立起来的结构模型一般由三个层次组成：目标层、准则层、方案层。最上层为目标层，这一层是层次结构的最高层。这一层只有一个元素，一般为所要解决的问题预定目标，即层次分析法要达到的目的。中间层为准则层，它包含了为实现预定目标所涉及的所有中间环节。最底层是方案层，也可以称为"措施层"，主要包括为解决问题所采取的措施和方案。递阶层次模型的层次数和每一层次的元素一般不受限制，它与问题的复杂程度有关，但层次过于复杂、元素过多会给问题的解决带来困难。因此，在建立递阶模型时，务必要明确各个层次及其元素的作用和意义。

二、构建判断矩阵

在建立了递阶层次模型后，我们可以逐层逐次对各层要素建立判断矩阵并进行两两比较，然后利用评分方法对比较判断的结果进行定量分析。一般采用专家打分的方式，对每一层次各元素的相对重要性做出客观、科学的判断，并采用数值的形式将判断结果表示出来，形成 $n(n-1)/2$ 个两两比较的判断矩阵。构建判断矩阵是层次分析法应用中关键的一步，也是进行各元素优先级权重计算的重要依据。它表示在以上一层元素为判断准则的条件下，对本层次与之相关的各元素进行两两比较所获得的相对重要性。相对重要性的比例标度见表 2-1。

表 2-1　相对重要性的比例标度

相对重要性权数	定义	解释
1	等同重要	两个活动对于目标的贡献是相同的
3	一个因素比另一个因素稍微重要	经验和判断稍微偏爱一个活动
5	一个因素比另一个因素明显重要	经验和判断明显偏爱一个活动
7	一个因素比另一个因素强烈重要	一个活动强烈地受到偏爱
9	一个因素比另一个因素极端重要	对一个活动的偏爱是极端的
2，4，6，8	上述相邻判断的中值	
上述非零数的倒数	如果一个活动相对于另一个活动有上述的数目，那么，第二个活动相对于第一个就有倒数值	

假设有 n 个方案 C_1，C_2，$\cdots$，C_n，给定一个准则，利用上面的相对重要比例标度方法，对元素 C_i 和 C_j 做相互比较判断，便可获得一个表示相对重要度的数值 a_{ij}，由此构成 n 阶矩阵：

$$A = \begin{pmatrix} a_{11} & a_{12} & \cdots & a_{1n} \\ a_{21} & a_{22} & \cdots & a_{2n} \\ \vdots & & & \\ a_{n1} & a_{n2} & \cdots & a_{nn} \end{pmatrix}$$

这个矩阵，我们称之为判断矩阵。根据相互比较的特点，很明显地有：

$$A_{ij} > 0; \quad a_{ij} = 1/a_{ji}; \quad a_{ii} = 1; \quad i, j = 1, 2, 3, \cdots, n$$

因此判断矩阵 A 是一个正反举证。实际上，在构成判断矩阵 A 时，我们只需要做 n（$n-1$）/2 次判断即可。

三、单层指标权重计算及一致性检验

建立完判断矩阵后，我们便可利用数学方法进行单层指标权重的计算。通常，可采用的方法有求和法、方根法和特征根向量法等。本书采用几何平均法进行计算。几何平均法的计算步骤如下：

（1）计算判断矩阵 A 各行各元素乘积：

$$m_i = \prod_{i=1}^{n} a_{ij} \quad i = 1, 2, 3, \cdots, n$$

（2）计算 n 次方根：

$$\bar{w}_i = \sqrt[n]{m_i}$$

（3）对向量 $\bar{w} = (\bar{w}_1, \bar{w}_2, \cdots, \bar{w}_n)^T$ 进行归一化处理：

$$\hat{w}_i = \frac{\bar{w}_i}{\sum\limits_{j=1}^{n} \bar{w}_j}$$

矢量 $\hat{w} = (\hat{w}_1 + \hat{w}_2, \cdots, w_n)^T$ 为所求的特征向量及权重。

（4）计算最大特征值 λ_{max}：

$$\lambda_{max} = \frac{1}{n} \sum_{i=1}^{n} \frac{(A\hat{w})_i}{\hat{w}_n}$$

对任何 $i=1$，2，3，…，n，式中的 $(A\hat{w})_i$ 为向量 $A\hat{w}$ 的第 i 个元素。

为了保证所获得的结果具有科学性和合理性，需要对判断矩阵进行一致性检验。只有通过一致性检验，才能对结果进行下一步分析，其度量指标为 CI，其计算公式为

$$CI = \frac{\lambda_{max} - n}{n - 1}$$

当判断矩阵完全一致时，CI = 0，$\lambda_{max} = n$，其余的特征根为零，也就是 $\lambda_{max} - n$ 越大，即 CI 越大，矩阵的一致性越差，其余的特征根接近于零。

为了检验判断矩阵是否具有满意一致性，还要对一致性比例 CR 进行检验，CR = CI/RI，RI 为同阶平均随机一致性指标。当 CR<0.10 时，判断矩阵具有满意一致性，否则需要对其进行一定的调整。1～10 阶判断矩阵的 RI 取值见表 2-2。

表 2-2　1～10 阶判断矩阵的 RI 取值

N	1	2	3	4	5	6	7	8	9	10
RI	0.00	0.00	0.58	0.90	1.12	1.24	1.32	1.41	1.45	1.49

四、总层指标权重计算及一致性检验

在上一步骤单层指标权重计算及一致性检验中，我们得到一组指标对其上一层次中某一指标的权重向量，由此可以计算各层指标对总目标的权重值。整个计算过程是自上而下的。

假设一个层次结构共有 A、B 两层，A 为 B 的上一层。A 层包括 A_1，…，A_m 共 m 个指标，其权重分别为 a_1，…，a_m；B 层包括 B_1，…，B_n 共 n 个指标，它们关于 A_j 的权重分别为 b_{1j}，…，b_{nj}。B 层中各指标关于总目标的权重 b_1，…，b_n 则应按照下列公式进行计算：

$$b_i = \hat{w}_i \cdot B_i \quad i = 1, 2, \cdots, n$$

层次总排序也要进行一致性检验。检验是从高层到低层依次进行的。

第三节　构建地方本科师范院校师范生专业技能构成要素层次模型

　　本书编制了地方本科师范院校师范生专业技能的构成要素及评价指标体系的访谈提纲（见附录 1）和调查问卷（见附录 2），对一线中小学教师、校长、行业标杆和骨干教师分别展开了三轮专家访谈和咨询，利用 Matlab 软件提取访谈中出现频次最高的 22 种师范生专业技能。它们分别是：普通话、三笔一画、教具制作、课件制作、基本礼仪、信息技术、技术实施、激励评价、专业发展、成长反思、民族课堂、课堂管理、班主任工作、实施德育、沟通合作、学生心理、问题意识、论证课题、文献检索、实施调查、实施观察、实施措施（如表 2-3 所示）。此外，本书以一线中小学教师、校长、行业标杆和骨干教师，以及兴义民族师范学院部分师范生为调查对象，通过问卷星平台进行线上问卷调查，发放问卷 500 份，回收 488 份，其中有效问卷为 479 份，以期对师范生基础技能、师范生教学技能、师范生教育技能、师范生教研技能四个二级指标进行两两比较，得出其重要程度。

表 2-3　地方本科师范院校师范生专业技能构成要素

一级指标	二级指标	三级指标
地方本科师范院校师范生专业技能构成要素（A）	基础技能（B_1）	普通话（B_{11}）
		三笔一画（B_{12}）
		教具制作（B_{13}）
		课件制作（B_{14}）
		基本礼仪（B_{15}）
		信息技术（B_{16}）
	教学技能（B_2）	计划实施（B_{21}）
		激励评价（B_{22}）
		专业发展（B_{23}）
		成长反思（B_{24}）
		民族课程（B_{25}）
		课堂管理（B_{26}）
地方本科师范院校师范生专业技能构成要素（A）	教育技能（B_3）	班主任工作（B_{31}）
		实施德育（R_{32}）
		沟通合作（B_{33}）
		学生心理（B_{34}）
	教研技能（B_4）	问题意识（B_{41}）
		论证课题（B_{42}）
		文献检索（B_{43}）
		实施调查（B_{44}）
		实施观察（B_{45}）
		实施措施（B_{46}）

本书将从统计结果中提取的 22 个指标归类总结为地方本科师范院校师范生专业技能重要程度评价体系下的四大类二级指标：基础技能（B_1）、教学技能（B_2）、教育技能（B_3）、教研技能（B_4）。

第四节　地方本科师范院校师范生专业技能要素的模糊层次综合评价

模糊层次综合评价法是一种定性分析与定量分析相结合的系统分析方法。该方法引进隶属度原则，可以改进层次分析法在构造成对比较判断矩阵时人为判读主观性的缺点，将对比矩阵换算成模糊一致矩阵，克服了传统的层次分析法要经过若干次调整、检验才能使判别矩阵通过一致性检验的缺点。层次分析法在对目标总体评价时，由于缺乏对指标的统一量化，在实际应用中适用于做指标的权重分析。

一、模糊层次综合评价法的一般步骤

1. 建立层次模型

师范生专业技能构成要素层次模型见图 2-2。

图 2-2　师范生专业技能构成要素层次模型

2. 构造模糊一致矩阵

定义 1：设矩阵 $R = (r_{ij})_{nn}$，若满足 $0 \leqslant r_{ij} \leqslant 1(i = 1, 2, \cdots, n; j = 1, 2, \cdots, n)$，则称 R 是模糊矩阵。

定义 2：若矩阵 $R = (r_{ij})_{nn}$，满足 $r_{ij} + r_{ji} = 1(i = 1, 2, \cdots, n; j = 1, 2, \cdots, n)$，则称 R 是模糊互补矩阵。

定义 3：若模糊互补矩阵 $\boldsymbol{F} = f(ij)$ 对任意的 k，满足 $f(ij) = \dfrac{\left[f(ik) - f(jk) \right]}{2n} + 0.5$，则称模糊矩阵 $\boldsymbol{F}$ 是模糊一致矩阵。

3. 计算权向量

用求和法取列向量的算术平均计算指标的权重：

$$\boldsymbol{A} = \begin{pmatrix} 0.5 & 0.66 & 0.69 & 0.75 \\ 0.34 & 0.5 & 0.55 & 0.56 \\ 0.31 & 0.45 & 0.5 & 0.57 \\ 0.25 & 0.44 & 0.43 & 0.5 \end{pmatrix} \xrightarrow{\text{列归一化后}}$$

$$\begin{pmatrix} 0.34 & 0.31 & 0.32 & 0.32 \\ 0.26 & 0.26 & 0.24 & 0.24 \\ 0.20 & 0.24 & 0.24 & 0.23 \\ 0.18 & 0.20 & 0.22 & 0.22 \end{pmatrix} \xrightarrow{\text{按行求和}} \begin{pmatrix} 1.28 \\ 0.97 \\ 0.90 \\ 0.85 \end{pmatrix}$$

$$\text{归一化} \begin{pmatrix} 0.32 \\ 0.24 \\ 0.22 \\ 0.20 \end{pmatrix} \xrightarrow{= \boldsymbol{w}^{(2)}}$$

权向量 $\boldsymbol{w}^{(2)} = (0.32 \quad 0.24 \quad 0.22 \quad 0.20)^{T}$

$$\boldsymbol{B}_1 = \begin{pmatrix} 0.5 & 0.41 & 0.43 & 0.45 & 0.47 & 0.49 \\ 0.59 & 0.5 & 0.53 & 0.54 & 0.55 & 0.58 \\ 0.57 & 0.47 & 0.5 & 0.52 & 0.53 & 0.56 \\ 0.55 & 0.46 & 0.48 & 0.5 & 0.52 & 0.56 \\ 0.53 & 0.45 & 0.47 & 0.48 & 0.5 & 0.55 \\ 0.50 & 0.42 & 0.44 & 0.44 & 0.45 & 0.5 \end{pmatrix} \xrightarrow{\text{列归一化后得}}$$

$$\boldsymbol{B}_1 = \begin{pmatrix} 0.5 & 0.41 & 0.43 & 0.45 & 0.47 & 0.49 \\ 0.59 & 0.5 & 0.53 & 0.54 & 0.55 & 0.58 \\ 0.57 & 0.47 & 0.5 & 0.52 & 0.53 & 0.56 \\ 0.55 & 0.46 & 0.48 & 0.5 & 0.52 & 0.56 \\ 0.53 & 0.45 & 0.47 & 0.48 & 0.5 & 0.55 \\ 0.50 & 0.42 & 0.44 & 0.44 & 0.45 & 0.5 \end{pmatrix} \xrightarrow{\text{按行求和}}$$

$$\begin{pmatrix} 0.92 \\ 1.05 \\ 1.05 \\ 1.07 \\ 1.03 \\ 0.91 \end{pmatrix} \xrightarrow{\text{列归一化}} \begin{pmatrix} 0.10 \\ 0.18 \\ 0.17 \\ 0.17 \\ 0.16 \\ 0.15 \end{pmatrix} = \boldsymbol{w}_1^{(3)}$$

$$\boldsymbol{B}_2 = \begin{pmatrix} 0.5 & 0.53 & 0.53 & 0.54 & 0.59 & 0.57 \\ 0.47 & 0.5 & 0.5 & 0.51 & 0.53 & 0.53 \\ 0.47 & 0.49 & 0.5 & 0.53 & 0.55 & 0.53 \\ 0.46 & 0.47 & 0.47 & 0.5 & 0.56 & 0.52 \\ 0.41 & 0.45 & 0.45 & 0.44 & 0.5 & 0.47 \\ 0.43 & 0.43 & 0.43 & 0.48 & 0.53 & 0.5 \end{pmatrix} \xrightarrow{\text{列归一化后得}}$$

$$\boldsymbol{B}_2 = \begin{pmatrix} 0.5 & 0.53 & 0.53 & 0.54 & 0.59 & 0.57 \\ 0.47 & 0.5 & 0.5 & 0.51 & 0.53 & 0.53 \\ 0.47 & 0.49 & 0.5 & 0.53 & 0.55 & 0.53 \\ 0.46 & 0.47 & 0.47 & 0.5 & 0.56 & 0.52 \\ 0.41 & 0.45 & 0.45 & 0.44 & 0.5 & 0.47 \\ 0.43 & 0.43 & 0.43 & 0.48 & 0.53 & 0.5 \end{pmatrix} \xrightarrow{\text{按行求和}}$$

$$\begin{pmatrix} 1.06 \\ 1.04 \\ 1.04 \\ 1 \\ 0.90 \\ 0.96 \end{pmatrix} \xrightarrow{\text{归一化}} \begin{pmatrix} 0.18 \\ 0.17 \\ 0.17 \\ 0.16 \\ 0.15 \\ 0.15 \end{pmatrix} = \boldsymbol{w}_2^{(3)}$$

$$\boldsymbol{B}_3 = \begin{pmatrix} 0.5 & 0.63 & 0.65 & 0.72 \\ 0.37 & 0.5 & 0.53 & 0.57 \\ 0.35 & 0.47 & 0.5 & 0.59 \\ 0.18 & 0.43 & 0.41 & 0.5 \end{pmatrix} \xrightarrow{\text{列归一化后得}}$$

$$\boldsymbol{B}_3 = \begin{pmatrix} 0.5 & 0.63 & 0.65 & 0.72 \\ 0.37 & 0.5 & 0.53 & 0.57 \\ 0.35 & 0.47 & 0.5 & 0.59 \\ 0.18 & 0.43 & 0.41 & 0.5 \end{pmatrix} \xrightarrow{\text{按行求和}}$$

$$\begin{pmatrix} 1.28 \\ 0.97 \\ 0.90 \\ 0.85 \end{pmatrix} \xrightarrow{\text{归一化}} \begin{pmatrix} 0.32 \\ 0.25 \\ 0.24 \\ 0.18 \end{pmatrix} = \boldsymbol{w}_3^{(3)}$$

$$\boldsymbol{B}_4 = \begin{pmatrix} 0.5 & 0.55 & 0.55 & 0.54 & 0.59 & 0.57 \\ 0.45 & 0.5 & 0.51 & 0.54 & 0.56 & 0.54 \\ 0.45 & 0.49 & 0.5 & 0.53 & 0.55 & 0.53 \\ 0.46 & 0.46 & 0.47 & 0.5 & 0.57 & 0.51 \\ 0.41 & 0.44 & 0.45 & 0.43 & 0.5 & 0.41 \\ 0.43 & 0.46 & 0.47 & 0.49 & 0.5 & 0.5 \end{pmatrix} \xrightarrow{\text{列归一化后得}}$$

$$B_4 = \begin{pmatrix} 0.5 & 0.55 & 0.55 & 0.54 & 0.59 & 0.57 \\ 0.45 & 0.5 & 0.51 & 0.54 & 0.56 & 0.54 \\ 0.45 & 0.49 & 0.5 & 0.53 & 0.55 & 0.53 \\ 0.46 & 0.46 & 0.47 & 0.5 & 0.57 & 0.51 \\ 0.41 & 0.44 & 0.45 & 0.43 & 0.5 & 0.41 \\ 0.43 & 0.46 & 0.47 & 0.49 & 0.5 & 0.5 \end{pmatrix} \xrightarrow{\text{按行求和}}$$

$$\begin{pmatrix} 1.06 \\ 1.05 \\ 1.05 \\ 0.99 \\ 0.94 \\ 0.92 \end{pmatrix} \xrightarrow{\text{归一化}} \begin{pmatrix} 0.18 \\ 0.17 \\ 0.17 \\ 0.16 \\ 0.14 \\ 0.16 \end{pmatrix} = w_4^{(3)}$$

4. 说明

对于单层次排序，我们利用求和法计算权值理论，运用 Matlab 软件计算层次各因素的权值；对于层次总排序，我们综合各层计算的权值，得到指标层相对于总目标的权重，即

$$w_n^1 = \prod_2^{k=n} w_k^{k-1} = w_1^{n-1} w_2^{n-2} \cdots w_3^2 w_2^1,$$

其中，用 $w^{k-1} = (w_1^k, w_2^k, \cdots, w_n^k)$ 表示 k 层上元素对 $k-1$ 层的分配权重。最后，我们采用模糊综合评价法进行综合评判。

二、地方本科师范院校师范生专业技能评价模型的实施过程

根据图 2-2 中的层次模型，我们用层次分析法对通过调查问卷取得的数据进行换算，构造出模糊一致矩阵，进行单层次排序，得到各准则层相应指标的权重（如图 2-3 所示）。

	B_1	B_2	B_3	B_4	w
B_1	0.500	0.660	0.690	0.750	0.328
B_2	0.340	0.500	0.550	0.560	0.243
B_3	0.310	0.450	0.500	0.570	0.228
B_4	0.250	0.440	0.430	0.500	0.200

图 2-3 师范生专业技能模型中二级指标的模糊一致矩阵及相对权重

从图 2-3 可知，基础技能（B_1）、教学技能（B_2）、教育技能（B_3）、教研技能（B_4）的 w 值分别为 0.328、0.243、0.228、0.200。由此可知，在地方本科师范院校师范生的专业技能构成中，权重值最高的为基础技能（B_1），其次为教学技能（B_2），再次为教育技能（B_3），最后为教研技能（B_4）。由此可以得到，地方本科师范院校师范生专业技能模型中二级指标对的贡献程度分别是：基础技能（B_1）>教学技能（B_2）>教育技能（B_3）>教研技能（B_4）。

具体的三级指标权重计算及分配见其余各章，在此不展开详述。

第三章 地方本科师范院校师范生基础技能的内涵、指标选取及指标体系构建

第一节 师范生基础技能的内涵

2021年9月，教育部印发《中学教育专业师范生教师职业能力标准（试行）》，分别明确中等教育、小学教育、学前教育、中等职业教育和特殊教育专业师范生的教师职业基本能力。该文件的出台旨在加强师范类专业建设，建立师范生教育教学能力考核制度，推动教师教育院校将国家中小学教师资格考试标准和大纲融入日常教学、学业考试和相关培训中，提高师范类专业人才培养质量，从源头提升教师队伍教书育人的水平。师范生技能的训练主要是通过学生自我练习，并结合修读有关课程进行。高校的各二级学院要从大学一年级开始，组织师范生学习师范生职业技能训练的基本要求，明确训练要求和方法，指导师范生及早进行自我练习和学习有关课程，并积极创造条件，开设师范技能训练课程，组织开展微课教学训练、师范生技能课外培训和竞赛等活动，努力提高师范生的从师任教技能。

多数师范生是未来的基础教育的教师，他们素质的高低直接影响了基础教育质量的高低。高素质的教师须拥有丰富的专业知识和从事教学工作

的各种技能，知识和技能是相辅相成、缺一不可的。关于教师对知识的需要程度，不在本书论述之列。关于教师应具备的技能，不同国家的学者有不同概括。但表达能力、知识传授能力、组织能力、评价能力等是公认的，也是基本的教师技能。

第二节　地方本科师范院校师范生基础技能的关键评价指标选取

笔者利用 Matlab 软件提取出访谈中出现频次较高的地方本科师范院校师范生的基础技能，它们分别是：①普通话；②三笔一画；③教具制作；④课件制作；⑤基本礼仪；⑥信息技术。然后，笔者以一线中小学教师、校长、行业标杆和骨干教师，以及兴义民族师范学院部分师范生为调查对象，通过问卷星平台进行线上问卷调查（发放问卷500份，回收488份，其中有效问卷为479份），以期对普通话、三笔一画、教具制作、课件制作、基本礼仪、信息技术六个二级指标进行两两比较，得出它们的重要程度。

一、普通话

普通话是中华人民共和国政府认定的汉语通用语，也是联合国六种官方工作语言之一。普通话是以北京语音为标准音，以北方话为基础，以典范的现代白话文著作为语法规范的现代标准汉语。"普通"二字是指"普遍"和"共通"。新中国成立后，1955年，规定国家通用语言为普通话。2000年，《中华人民共和国国家通用语言文字法》确立了普通话和规范汉字作为国家通用语言文字的法律地位。

我国是一个地大物博的多民族国家。与少数民族语言相比，普通话具有规范化、使用范围广的特点，在各类正式场合都发挥着重要的信息传递作用。无论是农村中小学教师还是城镇中小学教师都应认识到，使用普通话进行教学、日常交流，能对学生发展起到重要作用，要从对学生的健康成长负责这个角度来认识学习和使用普通话的意义。首先，普通话是教师的工作需要。教师规范使用语言对学生影响很大，如果教师能讲一口标准、流利、优美的普通话，必然会启发、引导学生积极地学习普通话。其次，普通话是社会发展的要求。随着社会的发展，人们在政治、经济、文化、科学和生活各方面的交往日益频繁，各行各业、人与人之间都需要沟通、交流。如果讲不好普通话，就会造成很大的误会。最后，使用普通话是信息时代的迫切要求。随着科学技术的发展，手机、电脑已广泛应用。可以人机对话的电脑、手机已被广泛应用，而如果发音不标准，电脑、手机输出的将是错别字，别人不容易看懂，还会带来很多麻烦。

二、三笔一画

师范生是未来的教师预备人员。目前，"三笔字"（毛笔字、钢笔字和粉笔字）等课程的弱化，导致师范生普遍存在教师职业技能薄弱的问题。正如顾明远教授（2006）所说的"降低了教师专业化水平，其中损失最大的是小学教师"，难怪"许多小学校长反映，现在的专科或本科毕业的小学老师反而不如中师毕业生那样适应小学教育"。

《高等师范学校学生的教师职业技能训练大纲（试行）》（以下简称《大纲》）明确将"书写规范汉字和书面表达技能"与"普通话和口语表达技能、教学工作技能、班主任工作技能"并列为师范生应具备的四项教师职业技能。2011年，教育部公布了《教师教育课程标准（试行）》（以下简称《标准》），其中提出了教师教育课程"实践取向"的基本理念，指出了师范生应学习掌握"现代教育技术应用；教师语言；书写技能等"。《大纲》和《标准》引导未来教师树立正确的专业理想，掌握必备的知识与技能，规范和引导了教师培养的实践导向。

师范生的成长，一方面需依靠学校等外在力量的推动，另一方面需师范生依靠自己的力量。"三笔字"书写技能的提高也不例外，它需要学校推动、教师引领的"外力"与师范生自觉训练的"内力"相结合。"三笔字"课程教学亟待解决的问题有三个：一是增加学分。各学校应正确分配"三笔字"的课时安排。写字基本功需要反复练习，对于大多数写字基础并不好的师范生而言，增加学时无疑是达成教学目标和教学效果的重要保障。二是编好教材。各学校任课教师可以《现代汉语常用字表》为依据，编写"三笔字"写字教材。三是构建教学、实训、交流、管理四位一体的培养模式，将课堂教学、平时实训、竞赛组织、实践基地体验教学、考核管理通盘考虑，形成一个紧密联系、相互促进的有机整体，共同服务于师范生"三笔字"书写技能的提高。

师范生在学习"三笔字"的同时，还要掌握简笔画的应用。简笔画是指借助简单的笔画、色彩、造型，形象概括性地画出物象的一些主要特征，强化人对具体物化内容的理解的一种绘画方式。从功能上来说，简笔画既有语言的功能，同时也具有美术的功能。我们可以通过对简笔画的观察、分析领会画的内涵。随着素质教育理念的深入推进，简笔画在课堂教学中的应用也变得愈加普遍，这就对教师画简笔画的能力以及创作能力提出了较高的要求和挑战。

三、教具制作

在"以学生为主体，主动参与、勤于动手、乐于探究"的教育理念的指导下，培养学生的创新能力和动手探究、热爱自然的科学素养，已成为现代教育的一大目标。

自制教具的活动是提高师范生素质的一个很好的途径。制作一件好的教具，要求教师具备较高的知识水平、丰富的教学经验，对教学大纲和教材有深刻的理解，并且有一定的动手能力。一件成功的自制教具的诞生，是教师（教师群体）智慧和汗水的结晶。教师在制作教具的过程中，思想和意志得到磨炼，知识得到升华，能力得到检验。

四、课件制作

课件制作是每个师范生都要掌握的基础技能，无论是在未来的生活还是在未来的工作中都是十分重要的。在互联网时代，多媒体课件制作在教学中的地位越来越重要。

多媒体课件制作是信息化教学资源的主要形式，是新课改下信息技术与课程整合的有效途径。研究制作有效的多媒体课件的理论和开发制作有效的多媒体课件的实践，无疑会帮助中小学教师特别是农村中小学教师发挥自身的积极性，投身到我国基础教育新课程改革中，以提高教学效果，为我国新课改的成功做出贡献。

采用多媒体课件辅助教学是一种现代化的教学方式，是推广现代教育技术的重要内容。笔者认为中小学教师制作课件遵循以下原则：

（1）教学性。课件的应用必须能优化课堂教学结构，提高课堂教学效率。

（2）可操作性。课件的操作要尽量简便、灵活、可靠，便于教师和学生控制，尽量避免复杂的键盘操作，交互操作层次不应太多。

（3）科学性。课件制作要符合科学性，不要出现知识性的错误。

（4）简约性。课件展示的画面应符合学生的视觉心理：要突出重点，同一画面对象不宜太多，避免对学生注意力产生干扰；注意动与静的对比，前景与背景对比，线条的粗细，字符的大小，以保证学生都能充分感知对象；避免多余动作、减少每屏文字显示数量，尽量用配音替代叙述文字，过多的文字阅读容易使人疲劳。

（5）艺术性。一个课件的展示不但要追求良好的教学效果，而且应赏心悦目，使人获得美的享受，激发学生的兴趣。

（6）信息量。多媒体课件所承载的信息量不能太大，要适当地留有时间、空间给学生思考、消化。避免因信息量太大产生"电灌效应"。

（7）适度使用。教师应注意不同教学媒体有机结合，这样才能收到事半功倍的教学效果。例如：数学的方程求解、物理的公式推导等，用多媒体课件教学就不一定比教师与学生一起边推导边板书效果好；化学实验教学用多媒体课件有时就不如实际演示实验更直观、更有说服力；对理论问题、微观世界的活动、宏观世界的变化等的教学，采用多媒体课件则有明显的优势。

（8）开放性。做过课件的教师都知道，制作课件要花大量的时间。若对现成的课件做少量修改就能为己所用，那将是十分有利于该课件推广的。所以，制作的课件是否具有开放性，这点也是要考虑的。

目前，多媒体课件已成为教师教学的得力助手，但它不可能完全代替其他教学手段，只能与其他教学手段相互配合、取长补短。师范生在学习时也要了解多媒体课件的优缺点，熟练掌握多媒体课件的制作和应用。

五、基本礼仪

礼仪是人类文明和社会进步的重要标志，既是人际交往活动的重要内容，又是社会伦理道德文化的外在表现形式。在进入文明社会以后，礼仪活动在社会交往中广泛开展。"礼"，是指由一定社会道德观念和风俗习惯形成的，大家共同遵守的礼节。"仪"，是指人的容貌、举止。礼是人们在社会生活中交往相处时，应按各自身份遵循的行为规范。仪亦为礼，两者相通，仪侧重体现礼的外在形式，使礼更具有权威性和可操作性。礼仪是礼节和仪式的总称，具体表现为礼貌、礼节、仪表、仪式等（杜玉景，1996）。礼貌，是指在人际交往过程中，通过言语和动作向交往对象表示谦虚和恭敬。它侧重于表现人的品质和素养。礼节，是指人们在交际场合待人接物的行为规则。礼节是社会文明的组成部分。它具有严格规定的仪式，不仅反映着某种道德原则，而且反映着对人的尊重和友善。礼节是礼貌的具体表现方式。仪表，是指人的外表，包括容貌、姿态、风度、服饰和个人卫生等，是礼仪美的表现形式。仪式，是礼的秩序形式，是指表示敬意或表示隆重而在一定场合举行的、具有专门程序的规范化的活动（王冬梅，2001）。总之，礼貌、礼节、仪表和仪式都是礼仪的具体表现形式，礼貌是礼仪的基础，礼节、仪表和仪式是礼仪的基本组成部分。

大多数师范生会成为未来基础教育的教师。"学为人师，行为世范。"要提高学生的文明素质，教师的素质将起到关键性的作用，教师的个体形象与群体形象，对学生所产生的影响力、感染力、渗透力极强。教师在教育教学活动、日常生活及其他社会活动中应注重礼仪修养，不断提高自己的礼仪素质，成为礼仪教育的典范。除了在课堂上向学生传授知识外，教师更应该严格要求自己，以礼处世、以礼待人、治学严谨、热爱学生、尊重学生、着装整洁、举止大方，展现出当代人民教师的精神风貌、人格魅力和良好的礼仪风范，促进师生关系的和谐发展。"亲其师，信其道"，教师是学生直接效仿的对象，也是文明社会教育的主要实施者，其言行举止很大程度地影响着学生的言行举止。因此，教师以身作则、为人师表至关重要。对教师进行礼仪强化是非常必要的，而这些要从师范生开始培养。

师范生在学校期间接受系统的礼仪教育，不仅可以提高个人内在的文化修养、道德品质和思想境界，而且可以提高师范生的人际交往能力。

六、信息技术

进入 20 世纪，随着科学技术的迅速发展，产生了以微电子技术为先导的一系列新兴的科学技术，这些科学技术的应用有力地促进了生产力的发展和人们社会生活的变化。这个冲击被人们称为"新科学技术革命"。从现在起到 21 世纪中叶，是我国现代化建设"三步走"发展战略的关键时期。为了迎接世界范围内新科学技术革命的挑战，我国将在这个时期，通过迅猛地发展科学技术来发展经济，提高综合国力，缩小与发达国家的差距，步入现代化的信息社会。随着社会的发展，特别是受到新科学技术的冲击，社会生活方式急剧发生变化，人们适应社会的生存能力也须不断地迅速提高。从现代技术教育的角度看，高科技的发展使新的电子设备层出不穷，现代电子设备在教学中运用的比重越来越大。现代教育技术是指运用现代教育理论和现代信息技术，通过对教与学的过程和资源的设计、开发、利用、管理和评价，以实现教学优化的理论和实践。教师如果不具备一定的电子技术知识和更新知识的能力就难以适应现代教育的发展。

师范生应了解信息技术在教学中的应用，以适应技术变革带给教学的改变。此外，师范生在今后的工作中还担负着未来中小学科学启蒙教育的任务，他们将在传播科学、破除迷信、发展生产、保护环境、建设现代化国家的工作中发挥自己的才能。

第三节　地方本科师范院校师范生基础技能指标体系构建

为研究基础技能各要素之间的重要性，笔者将对要素与要素进行两两比较，建立层次分析模型，计算出各要素的相对权重，并利用模糊综合评价法对师范生基础技能要素的重要程度做出评价，从而建立指标体系（如图 3-1 所示）。

	B_{11}	B_{12}	B_{13}	B_{14}	B_{15}	B_{16}	W_1
B_{11}	0.500	0.410	0.430	0.450	0.470	0.490	0.153
B_{12}	0.590	0.500	0.530	0.540	0.550	0.580	0.183
B_{13}	0.570	0.470	0.500	0.520	0.530	0.560	0.175
B_{14}	0.550	0.460	0.480	0.500	0.520	0.560	0.171
B_{15}	0.530	0.450	0.470	0.480	0.500	0.550	0.166
B_{16}	0.510	0.420	0.440	0.440	0.450	0.500	0.153

图 3-1　师范生基础技能模型中 B_1 层各三级指标的模糊一致矩阵及相对权重

如图 3-1 所示，在地方本科师范院校师范生的基础技能（B_1）中，各三级指标的 w_1 值分别为 0.153、0.183、0.175、0.171、0.166、0.153，其中 w_1 最高值为 B_{12}，最低值分别为 B_{11}、B_{16}。由此可知，在地方本科师范院校师范生的基础技能构成中，权重值由高到低排序为：三笔一画（B_{12}）、教具制作（B_{13}）、课件制作（B_{14}）、基本礼仪（B_{15}）、普通话（B_{11}）和信息技术（B_{16}）。其中，普通话和信息技术指标并列排名最后。也就是说，六个三级指标对二级指标（基础技能）的贡献程度由高到低依次为：三笔一画、教具制作、课件制作、基本礼仪、普通话和信息技术。

第四章 地方本科师范院校师范生教学技能的内涵、指标选取及指标体系构建

第一节 师范生教学技能的内涵及重要性

一、教学技能的内涵

现有研究从不同的角度阐述了教学技能的内涵：①"活动方式说"。王皂华在其《教学微格训练》中，将教学技能定义为"为达到教学上规定的某项目标所采用的一种常用的、一般认为有效的教学活动方式"。②"行为说"。李克东（1994）提出"教学技能是指在课堂教学中教师运用专业知识及教学理论促进学生学习的一系列教学行为方式"。但这一观点的不足之处是忽视了人的内部心理因素，将教师的教学经验作为教学技能的唯一因素。③"结构说"。斯诺（R. F. Snow）认为，"教学技能是由行为及与认知有关的事项的结构序列组成"。斯诺的结构说对教学技能的认识开始转向可观察的教师外显行为与认知因素的结合。结构说是对行为说的完善。句渊（2004）认为：教师的教学技能是由可观察的、可操作的、可测量的各种外显性的行为表现与教师原有的认知结构对知识的理解、对教学情境的把握、对教学行为的选择等认知活动构成的一个复杂的心理过程。

真正意义上的教学技能是教师运用已有的教学理论知识，通过练习而形成的稳固、复杂的教学行为系统。它既包括在教学理论基础上，按照一定方式进行反复练习或由于模仿而形成的初级教学技能；也包括在教学理论基础上因多次练习而形成的，达到自动化水平的高级教学技能，即教学技巧。教学技能是教师必备的教育教学技巧，它对取得良好的教学效果，实现教学的创新，具有积极的作用。

二、教学技能在师范生专业技能中的重要性

王颖（2009）认为扎实的教学技能非常有利于教学活动的开展和进行。在对师范生的教学中，教师应事先阐明教学目标与方法，根据课程内容的特点设计多种学习形式让师范生主动参与教师的教学，在师生互动、生生互动中完成学习任务，让师范学生成为学习的主人，并提高其学习的主动性、积极性。一方面，教师让师范生主动地去探究解决问题，培养他们获取信息和组织利用信息的能力；另一方面，教师给师范生更多的实际参与教学的机会，让他们通过观摩与参与教师的教学过程，使自我的教学能力得到提高。在整个师范教育的过程中，师范生都在进行教学技能的培训。

张雳（2006）在对师范生的职业技能及其培养的研究中提出：随着社会的发展变化，人们越发认识到教育的价值，认识到教师的价值，对教师赋予了越来越高的期望，教师专业化发展也因此成为人们关注的焦点。同时，为了更好地满足社会对高质量教师的需求，我国也加快了教师专业化发展的步伐。教师是教育教学活动中的职业专业人员。教师掌握教学技能是教学的关键所在，这也足以看出，教学技能在教育教学活动中占据着十分重要的地位。

在经济全球化、社会多元化的今天，教学组织形式不断完善与发展，教学内容不断丰富与更新，教学手段不断提高，学习者的需求呈多样化和个性化，教师职业的专业性及技术性要求增加，这些都对教师的职业素养提出了更高的要求。对于师范生这群准老师来说，需要不断提高自身的教

学技能，以适应社会的要求。

李传银等（2004）认为，教学改革是课程改革的一个重要组成部分，进行教学改革，必须以提高师范生的教学技能为重点。教学改革要从教师抓起，要从对教师的培养抓起，要从对师范生教学技能的培养抓起。

教师在教学过程中对教学技能掌握的熟练程度的高低直接影响到人才培养质量的高低，也关系到新课程改革的成败。新课程改革给教师带来巨大的挑战。作为未来的准老师，师范生必须要掌握扎实的教学技能，才能更好地适应新课程改革的要求。

一位优秀的教师必须具备良好的教学技能。良好的教学技能是提高教学效果的必备手段，是衡量教师专业成熟度的重要尺度，是实现教师人生价值的前提基础。教学技能是教师进行有效教学的基础，也是教师进行高效教学的前提。

第二节　地方本科师范院校师范生教学技能的关键评价指标选取

笔者利用 Matlab 软件提取出访谈中出现频次较高的地方本科师范院校师范生的教学技能，它们分别是：①计划实施；②激励评价；③专业发展；④成长反思；⑤民族课程；⑥课堂管理。然后，笔者以一线中小学教师、校长、行业标杆和骨干教师，以及兴义民族师范学院部分师范生为调查对象，通过问卷星平台进行线上问卷调查（发放问卷 500 份，回收 488 份，其中有效问卷为 479 份），以期对计划实施、激励评价、专业发展、成长反思、民族课程、课堂管理六个二级指标进行两两比较，得出它们的重要程度。

一、计划实施

"计划实施"顾名思义就是把计划要去做的一系列事情付诸实践。而更深层次的计划实施的含义则是指按照商业计划开展业务的行为。而在教学技能中，计划实施则是指制订和实施课程授课计划的技能。具体说来，教师应清楚本专业课程设置的种类和相互关系，对自己所授课程在本专业总体的教学计划中的地位和作用有正确认识，能够根据教学计划制订详细的课程授课计划和教学进度计划，并能按计划实施。一个人不论做什么事情，都要有计划，这样会让你想做的事情事半功倍。在教学中，计划实施具体包括以下内容：

1. 撰写教案

撰写教案是教学活动中一个十分重要的环节。教案是指教师为顺利而有效地开展教学活动，根据课程标准、教学大纲和教科书要求及学生的实际情况，以课时或课题为单位，对教学内容、教学步骤、教学方法等进行的具体设计和安排的一种实用性教学文书。教案包括教材简析和学生分析、教学目的、重难点、教学准备、教学过程及练习设计等。撰写教案的主要目的就是确保教学活动顺利而有效地开展。在撰写教案时，对每个课题或每个课时的教学内容和教学步骤的安排、教学方法的选择、板书设计、教具或现代化教学手段的应用、各个教学步骤教学环节的时间分配等，教师都要周密考虑、精心设计。在撰写教案时，教师要明确地制定教学目的，合理地组织教材，突出重点、列明难点，以便于学生理解并掌握系统的知识。教师要恰当地选择和运用教学方法，以调动学生学习的积极性。所选的教学方法应适用于大多数学生。同时，教师要注意培养优秀生和后进生，使全体学生都得到发展。教案的繁简，一般是有经验的教师写得简略些，而新手教师写得详细些。在上课过程中，教师可根据具体情况对教案做适当的调整；课后，教师要随时记录教学效果，简要地进行自我分析，以积累教学经验，不断提高教学质量。

在实际教学活动中，教案起着十分重要的作用。撰写教案有利于教师弄通教材内容，准确把握教材的重点与难点，进而选择科学、恰当的教学方法；有利于教师科学合理地安排课堂时间，更好地组织教学活动，从而提高教学质量，收到预期的教学效果。

2. 课堂导入

苏霍姆林斯基说："如果教师不想办法使学生产生情绪高昂和智力振奋的内心状态，就急于传授知识，那么这种知识只能使人产生冷漠的态度，不动感情的脑力劳动就会带来疲倦。"实践证明，积极的思维活动是课堂教学成功的关键，而富有启发性的导入语可以激发学生的学习兴趣，所以教师在课堂开始就应当注意通过导入语来激发学生的思维，以引起学生对新知识、新内容的探索欲。课堂导入是课堂教学的主要环节之一，一堂课导入的成与败直接影响着整堂课的教学效果的好与坏。

3. 课堂提问

"提问"在教学过程中经常提到，教师也经常使用。《现代汉语辞海》对"提问"的解释为：提出问题要求回答。此定义侧重于问题呈现，有问有答。国外学者瑞格从心理学的角度出发，认为"提问"是试图引出言语反应的任何信号。此种说法范围较宽泛，概念较抽象。《现代汉语词典》（第六版）中对"提问"的解释为：提出问题来问。而《西方教育词典》对提问的主体做出了补充，指出教师通过提问引导学生进步，同时，学生也应具有提问的能力和提问的权利。该定义认为教师是课堂提问的主体，其实，提问的主体也可以是学生，即教师和学生都是课堂提问的主体。笔者认为，课堂提问是指课堂上提问者提出问题引发他人思考并希望得到回答的过程。课堂提问是教师课堂教学最基本也是最重要的教学手段，它是教师教与学生学的重要纽带。课堂提问是学生认知提升的关键，是促进学生思考的开端，也是引导学生质疑和创新的基础。

4. 课堂讲授

课堂讲授的方法主要包括讲解教学法、谈话教学法、讨论教学法、讲读教学法、讲演教学法等。新课程改革的具体目标要求，改变课程实施过于强调接受学习、死记硬背、机械训练的现状，倡导学生主动参与、乐于探究、勤于动手，培养学生搜集和处理信息的能力、获取新知识的能力、分析和解决问题的能力以及交流与合作的能力。新课程改革大力倡导在课堂教学中让学生开展自主学习、合作学习和探究学习，这就要求教师的教学方式、教学方法也相应转变。在实施新课程改革的过程中，教师的教学方式应该由单一性转向多样性，而不是用一种教学方式代替另一种教学方式。教师应该完善每一种教学方式，提升每一种教学方式的教学效率，而不是完全否定某一种教学方式或者完全肯定某一种教学方式。然而，在新课程改革的教学实践中，有些教师误认为讲授法违背了新课程改革理念，什么内容都拿来让学生进行探究学习。出现这种现象的重要原因之一，是部分教师对讲授式课堂教学在认识上存在偏差，对新课程理念的理解不到位。那么，讲授式教学如何能体现新课程改革理念，如何更有效地为学生的学习服务呢？笔者认为教师在课堂讲授和教学活动中应遵循"五原则""五环节""八步骤"。"五原则"是：①"启发"而不是"硬灌"；②"精讲"而不是"满灌"；③"活学"而不是"绑死"；④"引导"而不是"代替"；⑤"思考"而不是"专讲"。"五环节"是：①认真钻研教材，探索教材的有关规律；②讲清讲透课本概念，抓住重点、难点；③了解基本原理，加强对基本方法的培养与训练；④针对教材的重点内容精讲精练；⑤引导学生分析、讨论，得到简明准确的答案。使学生获得牢固知识的"八步骤"是：预习、讲解、练习、思考、讨论、提问、解答、记忆。

5. 课堂总结

在课堂教学中，设计一个好的导入内容，能够激发学生的学习兴趣，提高其求知欲。而对于一堂精彩的课而言，它不仅要有一个引人入胜的开始，还需要在即将结束时有一个巧妙的结尾。就像一部电影，在精彩剧情的最后，总会留下耐人寻味的结尾，让人记忆深刻。同样，课堂教学的一个好的结尾，对于帮助学生厘清知识脉络、掌握知识重点、拓展思维具有非常重要的作用。在课堂教学的结束环节，应该选择怎样的方式或方法进行结课，是每位教师要讲好一堂课必须考虑的要素之一。针对不同的课程，其结课方法也不同，但综合起来，结课的过程一般分为四个阶段：一是简单回忆，即教师引导学生对本堂课的教学内容进行简单回顾，整理思路；二是要点提示，即教师指出本堂课的重点、关键是什么，必要时可做进一步的具体说明；三是巩固应用，即教师引导学生把所学知识应用到新的情境中去解决新的问题，在应用中巩固知识，并进一步发散思维；四是拓展延伸，即教师对课题内容进行拓展。

6. 板书设计

板书是教师在教学中应用的一种主要的教学媒体。板书艺术是教学艺术的有机组成部分。苏联著名教育家加里宁有一句话"教育事业不仅是科学事业，而且是艺术事业"。成功的教学是高度的科学性和精湛的艺术性有机结合的结果。现代教学媒体的大量涌现不仅没有使板书退出课堂教学的舞台，反而更加凸显出它不可替代的特点与优势，也更加丰富了板书的表现形式。随着科学技术的发展，许多现代化的教学手段已经走入课堂，但是板书在教学中仍起着不可替代的作用。

二、激励评价

激励评价是指在教育教学中，教师通过语言、情感和恰当的教学方式，不失时机地给不同层次的学生以充分的肯定、激励和赞扬，使学生在心理上获得自信和成功的体验，激发学生的学习动力，诱发其产生学习兴趣，进而使学生积极主动学习的一种策略。通过激励，学生的学习动机得到不断激发，求知欲、上进心愈来愈强，学生不断感受到探索和成功的喜悦。成功的快乐是一种巨大的情绪力量，是产生学习兴趣的根本源泉。学生只有在幸福的体验中才会理解知识价值的内涵，才能持久激发自主学习的自觉性。

宽松、和谐、民主的课堂氛围是学生树立学习信心，主动参与学习的前提。教师在课堂上要多微笑，有时一句鼓励的话语、一个鼓励的眼神，或轻轻地拍拍孩子的肩膀，这些细微的举动，都能让学生感受到教师的关爱。每个学生都有参与学习的愿望与需要，但由于学生在知识结构、思考习惯与学习能力等方面有所不同，学生的学习能力存在着很大的差异，因此教师要把自身积极的情感融入课堂教学，要把自己看成与学生平等的对话者，让学生能够毫无顾忌地表达自己的想法和创意。只有在爱的氛围中，巧用激励性语言，才能让学生如沐春风，在愉悦的氛围中轻松学习。

激励性评价语言强调激励性，但激励性并不等于无原则。课堂上，教师的评价要不拘于一种形式，应因人而异。教师要创造性地对每个学生进行评价，使每个学生都能得到学习成功的满足，都能提高学习的兴趣，都能更积极主动地投入学习。在课堂教学中，教师生动的评价语言会使学生兴奋不已、情绪高涨。即使学生的回答有问题，只要教师巧妙地运用评价语言，对学生加以引导，不但避免了学生陷入尴尬，还维护了他们的自尊。

三、专业发展

专业是指人类社会科学技术进步、生活生产实践中，用来描述职业生涯某一阶段、某一人群，用来谋生，长时期从事的具体业务作业规范。教师专业发展的过程是教师作为专业人员，在专业思想、专业知识、专业能力等方面不断发展和完善的过程；是教师不断接受新知识，增长专业技能的过程；也是教师的职业理想、职业道德、职业情感、社会责任感不断成熟、不断提升的过程。

为实现专业发展，教师应做好职业生涯规划。教师必须对自己的工作有一个长远的规划，使自己有一个明确的方向来前进。教师的职业生涯规划应包括以下内容：

第一，提高自身师德修养。一名好的教师首先要有高尚的师德修养，要以优秀教师为楷模，以身边的师德标兵为榜样，加强学习，努力提升师德水平，成为合格的教师。

第二，提高自身业务水平。教师的本职工作就是教书育人。在制订工作计划的同时，教师应努力提升业务水平，向专家型教师看齐。教师要抓住一切机会多读书，做好笔记和批注，从而不断提升自己的业务水平。

第三，不断创新课堂教学，用事实证明自己。教师应学习和掌握先进的教学方法，不断研究如何更好地与学生沟通、如何和学生建立和谐的师生关系。教师还应坚持听课，借鉴别人的长处，改进自己的教学方式，努力创新教学方法。不仅如此，教师还要掌握现代化的教学手段，以不断提高教学质量。教师可利用现代化的教学手段，在最短的时间内学习制作复杂的课件，提高教学质量。

第四，努力提高科研能力。教师应积极参加校级、省级甚至国家级教研活动。同时，教师每年应至少发表两篇高质量的论文。面对竞争激烈的社会，教师要充满信心，带着百倍的激情投入以后的工作，让自己的规划在最短的时间得到实现。

教师的职业发展规划有利于教师的持续发展和成长。只有做好职业发展规划，教师才能有目的、积极、主动并快乐地投入教学，让教学更精彩。

四、成长反思

关于"反思"的定义，古今中外都有着不同阐释。在我古代时期，圣人孔子在《论语》中提到反思对自我生存改善以及道德水平提高的重要性（梁延秋，2015）。学者陈佑清（2010）通过对古今中外反思的含义进行梳理，指出整个思考活动过程包含反复思考、反身思考、返回过去思考三个维度。在西方，"反思"一词，从哲学领域演变而来，并被广泛运用。最早开始研究反思行动领域的是洛克、斯宾诺莎等人。洛克所强调的反思是对思维活动的过程的反思，而斯宾诺莎所强调的反思是对思维活动的结果的反思（熊川武，1999）。乐瑶（2018）将反思定义为：对自身原有信念、他人或已发生的活动结果所引起的疑惑进行持续、周密地思考并进行积极主动地监控、设计、检验的过程。

成长反思是师范生教学技能的重要组成部分。反思可以让师范生更快地意识到自己的不足，然后去改变自己。周恺林（2012）在对教师专业成长反思的内涵、内容和途径的研究中分析了反思的重要性：

首先，反思的态度是批判。批判的态度意味着要对反思的对象进行客观的、理性的分析，把握问题的实质，以求一个全面而深刻的认识。

其次，反思的结果是建设。反思的目的在于超越、在于改进，这决定了反思虽然持批判立场，但是其结果往往是建设性的。

最后，反思的目的是超越。一个人如果对现实和自我十分满意，他一般习惯于思维现状，很难产生反思动机。反思源于对现实和自我的不满，其目的是改变现状，超越自我，使一切朝着自己希望的更好的方向发展。

我们从以下几个方面来探讨教师如何实现成长：

（1）听课。

听课，也有人称之为观课，是指教师或研究者凭借眼、耳、手等自身的感官及有关的辅助工具，如笔记本、调查表、录音和录像设备等，直接或间接地从课堂情景中获取相关信息资料，实现从感性认识到理性认识的一种学习、评价及研究的教育教学方法（屈小武，2006）。

（2）说课。

刘旭（2005）这样定义说课：说课是教师以备课为基础，面对同行、教研员以及专家，将语言作为主要工具，系统且概括地阐述自己对某一课程的理解，表达自己的教学观，阐述执行过程中的教学设想、教学方法、教学策略及组织教学的理论依据。李兴良、马爱玲（2006）这样定义说课：说课是指教师面对同行和专家，以学科的教学理论为指导，对一系列教学元素的确立及其理论依据进行阐述的一种教学研究活动。总而言之，即做什么（what），怎么（how）做，为什么（why）这样做。

张婷婷（2015）从性质上对说课进行定义：①"教研形式说"，认为说课是指教师以教学理论和教材为依据，通过口头表达的方式，针对某一节课的具体特点，面向教师而进行的教学研究活动。②"教研和教师培训说"，认为说课是以备课为基础，授课教师向同行或者教学研究人员，阐述清楚个人的教学设计，由听者评价，从而共同提高所进行的一种教学培训活动。③"教案分析说"，认为说课以说为主，是一种口头叙述为主的教案分析，是教师对教案本身的分析和说明。她还从内容上对说课进行了定义：①说课针对一定教学内容，对"为什么这样设计？""设计的理论依据是什么？""这样表达要达到什么样的目的？"等进行了解释。②说课是全面阐述和完善教学设计的过程。

（3）评课。

付钰（2015）认为评课是指对教师课堂教学的评价。她还提出，对于评课中的"评"，学术界常用的三个英语词语分别是 evaluation、assessment 和 measurement，其中，"evaluation"通常翻译为"评价"，"assessment"通常翻译为"评定"，"measurement"通常翻译为"测量"。陈玉琨（1998）提到在英国通常把对人事的评价称为"考评"（appraisal），而美国等国家则不做这种区分，一般笼统地称作"评价"（evaluation）。他认为，教师评价是指对教师工作现实的或潜在的价值做出判断的活动，它的目的是促进教师的专业发展与提高教学效能成果评价。教师的教学成果就是学生的学习进展与行为变化。教师的教学成果评价就是从教师所教的学生的学习进展与行为变化来对教师劳动价值做出判断。教师的教学成果评价是判断教师工作有无价值以及价值大小最有权威的评价。目前它是学校用以决定教师职务晋升以及工资待遇的一种主要评价方式。

王树林、殷永清在《教育学》这本书中提道：教育评价包括教学评价；教育评价是对教育的整体评价，比如对教学方针、教学管理办学条件等的评价；而教学评价主要是评价与教学有关的因素，如教学目标、教学过程、教学策略、教学方法等。

（4）同课异构。

蔡永（2007）认为，同课异构教研模式就是"同一教学内容由几个教师接连上课或是由一位教师采取不同的方式连续几次上课"。黄瑞青（2008）认为，"同课异构"教研活动就是展现每一位教师的优点、长处，让大家来共同分享，同时教师们通过共同研讨、集思广益，发现自己的不足并加以改进，这样课堂教学就能更为有效，教师就能不断提高业务水平。他强调了"同课异构"促进教师专业成长的功能。李庆社（2009）认为，同课异构是指不同教师对同一主题或同一课例的建构与实践，从而探讨教学的差异性，分析教学的因果性、可塑性与实效性，并及时进行诊断与修正、回溯与提升的教研活动。李艳（2014）认为：同课异构以"同课"为前提，即同一教学内容或教学主题；"异构"则是指根据不同学生的情况进行教学设计和授课。这里的"构"不单纯是指构思或者教学设计，还包括教学课程资源选用、教学方法、教师授课风格、实施途径等因素。同课异构是指教师可以根据学生的个体差异性进行教学，对每个学生因材施教，使学生的独特性得到发展。

五、民族课程

陈玉琨（1998）认为课程在广义上是指各级各类学校为实现一定的教学目标而选择和组织的课内、课外教学内容体系的总和；在狭义上是指教学科目（简称"学科"）的同义词。由于课程是各级各类学校培养人才的重要途径，因而受到各国政府的关注与重视。

在明确了教学目的和教学内容之后，教师就必须考虑用什么方式和载体来呈现教学内容。课程是教学内容的载体，也是教学过程的核心。任何一项具体的教学活动都离不开课程，课程是教学活动的中心和教育改革的核心。"课程"一词在我国始见于唐。唐朝孔颖达为《诗经·小雅·巧言》中"奕奕寝庙，君子作之"一句作疏："维护课程，必君子监之，乃依法制。"但这里的课程的含义与我们今天所用的含义相去甚远。《现代汉语词典》（第7版）将课程定义为"学校教学的科目和进程"。

王树林、殷永清对国家课程进行了研究，认为：国家课程的形式是不一样的。在澳大利亚、美国等实行教育地方分权的国家，国家课程是由各州政府负责编制、实施和评价的，而学校教师在国家课程的编制和评价方面没有或者几乎没有发言权和主动权，但他们是国家课程的实施者。

程京武（2008）认为，民族文化属于文化的一种，其概念基于文化的概念，有广义与狭义之分：广义的民族文化是指一个民族在长期的历史发展中共同创造并赖以生存的一切文明成果的总和；而狭义的民族文化一般指民族的精神创造与精神文化。他还认为，在推广国家课程的同时，国家也应该允许开发一定比例的地方课程、校本课程和民族课程。

多元文化教育的兴起是人类思想上的一个进步。我们应该尊重多元文化教育的一些基本理念。旭红等（2018）认为：开发民族课程，可以让不同学生了解不同文化的内涵，树立起本民族的文化自信心。开发民族地区多元化课程是有利于民族文化发展的，可以在保护和发展文化的多样性方面做出一些成效。

此外，地方本科师范院校往往较多依托于地方，其文化带有较强的地方色彩和浓厚的民族色彩，是传承本土文化和民族文化的重要阵地。民族课程是校本课程和地方课程的重要组成形式，其目的在于发展和传承少数民族文化，是地方本科师范院校开设的特色课程，包括课程开发、课程实施、课程评价三个环节。

六、课堂管理

关于课堂管理的定义和内涵，国内外学者均未达成一致。如古德认为，课堂管理是指处理班级活动所涉及的问题。姚美美将课堂管理定义为：教师为了实现既定教学目标，采取有效的教学组织形式、创造愉快的教学情境、建立良好的教学秩序的过程。田慧生、李如密将课堂管理定义为教师通过协调课堂内的各种教学因素而有效地实现预定的教学目标的过程。陈琦、刘儒德认为课堂管理是指教师为了有效利用时间、创造愉快的和富有建设性的学习环境以及减少问题行为等，而采取的组织教学、设计学习环境、处理课堂行为等一系列的活动与措施。陈时见认为课堂管理是打造有效课堂情境、保持课堂互动、促进课堂发展的历程。

课堂管理行为是教师行为的重要组成部分。为提高课堂的教学效率，保证教学目标的顺利实现，教师有必要对课堂实施有效的课堂管理。课堂管理不仅包括对课堂环节和课堂纪律的管理，还包括对教学目标的控制。课堂管理的最终目的是完成教学任务，达成教学目标。教学目标的达成情况也是课堂管理考察的内容之一。课堂管理包括制定课堂规则、维护课堂秩序、处理课堂问题行为三大块内容。

（一）制定课堂规则

陈时见（2002）对课堂规则的定义是："课堂规则是指学生进入课堂和参与课堂各项活动应遵守的一种规范，一般包括课堂规约和活动程序两个方面，通常表现为规范学生课堂行为的一般性期望或标准。课堂规约指的是一系列相关的一般性行为的规定。"康颖卿（2006）认为课堂规则是课堂成员应该遵守的、保证课堂秩序的基本行为的要求或准则；课堂规则具有规范课堂行为，维持课堂秩序，培育良好行为，促进课堂学习的功能。吕国光（2000）对课堂秩序的定义是：在可接受的范围内，学生遵守设计好了的行动，而这些行动是促成教室活动的必要条件。学者吴巧把课堂规则分为课堂规约和活动程序两个方面。

（二）维护课堂秩序

在我国古汉语中，"秩"和"序"含有常规、次第的意思。《诗·小雅》云："宾之初筵，左右秩秩。"这里的"秩"即"常规"的意思。《汉语大辞典》中将其解释为："有条理、不混乱，符合社会规范化的状态。"按照《辞海》的解释："秩序，常度也，指人或事物所在的位置，含有整齐守规则之意。"吴剑峰（1992）认为秩序是为规范体系、规范主体行为，调整社会关系而建立起来的有条不紊的状态。李本森（1994）认为秩序是指在自然界与社会的进程中存在着某种程度的一致性、连续性和确定性。能够维护好课堂秩序也是教师教学技能的体现。

（三）处理课堂问题行为

孙野（2012）认为课堂问题行为是指发生在课堂教学中的，违反课堂行为规范和教学要求，影响正常的课堂教学秩序、教师教学、学生学习，并给教师教学和学生学习带来消极影响的课堂行为。李志等（1997）认为，课堂问题行为就是学生在课堂上表现出来的与课堂教学目的不一致、影响自己或干扰他人学习的行为。张人（2005）认为，课堂问题行为是指学生在课堂上违反公认的行为规范和道德准则，使教学活动不能顺利有效进行的行为。李清季等（2011）认为，学生课堂问题行为是指在课堂中发生的违反课堂规则、妨碍及干扰课堂活动正常进行或影响教学效率的行为。

近年来，随着时代的发展和科技的进步，人们对优质高效课堂和减轻学生课业负担的呼声越来越高。要减轻学生过重的课业负担，首要的任务就是提高课堂教学效率。而课堂问题行为又直接影响着课堂教学效率。如果一节课上接二连三地出现问题行为，教师就不得不不停地忙于处理各种问题行为，那么高效课堂将无从谈起，更不能说是优质课堂了。

第三节　地方本科师范院校师范生教学技能指标体系构建

为研究教学技能各要素之间的重要性，笔者对要素与要素进行两两比较，建立层次分析模型，计算出各要素的相对权重，并利用模糊综合评价法对师范生教学技能要素的重要程度做出评价，从而建立指标体系（如图4-1所示）。

	B_{21}	B_{22}	B_{23}	B_{24}	B_{25}	B_{26}	w_2
B_{21}	0.500	0.530	0.530	0.540	0.590	0.570	0.182
B_{22}	0.470	0.50	0.510	0.530	0.550	0.530	0.173
B_{23}	0.470	0.490	0.500	0.530	0.550	0.530	0.171
B_{24}	0.460	0.470	0.470	0.500	0.560	0.520	0.166
B_{25}	0.410	0.450	0.450	0.440	0.500	0.470	0.152
B_{26}	0.430	0.430	0.430	0.480	0.530	0.500	0.156

图4-1　师范生教学技能模型中 B_2 层各三级指标的模糊一致矩阵及相对权重

如图4-1所示，在地方本科师范院校师范生的教学技能（B_2）中，各三级指标的 w_2 值分别为0.182、0.173、0.171、0.166、0.152、0.156，其中 w_2 最高值为 B_{21}，最低值为 B_{25}。由此可知，在地方本科师范院校师范生的教学技能构成中，权重值最大的为计划实施（B_{21}），第二为奖励评价（B_{22}）、第三为专业发展（B_{23}），第四为成长反思（B_{24}），第五为课堂管理（B_{26}），第六为民族课程（B_{25}）。也就是说，六个三级指标对二级指标（教学技能）的贡献程度由高到低依次为：计划实施、激励评价、专业发展、成长反思、课堂管理、民族课程。

第五章　地方本科师范院校师范生教育技能的内涵、指标选取及指标体系构建

第一节　师范生教育技能的内涵及重要性

一、师范生教育技能的内涵

师范生教育技能的概念可谓仁者见仁、智者见智。董泽芳等（2008b）指出，教育技能包括思想教育技能和班级管理技能。张颖等（2008）指出，从教育工作的内容来讲，教育技能包括思想教育技能和班级管理技能。孟燕平（2018）指出，全面教育技能素养也就是对如何"教"的方式方法的把握，是一种将知识的"学术形态"转化成能使教育对象易于理解的"教育形态"的能力。蔡丽（2010）认为，根据中小学教育教学工作及海外华文教学工作的特点，对师范生进行的教育技能训练应包括教育管理、教育组织、教育评定、教育交际四个方面的内容。笔者认为教育技能是指在教育过程中，教师运用有关知识和经验，促进学生学习的定型化或接近自动化的教育行为方式。

二、教育技能在师范生专业技能中的重要性

根据师范生专业技能的内涵与特征，董泽芳等（2008b）将师范生专

业技能分为基础技能、教学技能、教育技能和教研技能四大方面。他们认为，教学技能和教育技能是建立在基础技能之上的两大应用性技能，涵盖了教师工作的全部内容，是师范生专业技能结构中最主要的技能。蔡丽（2010）也指出，教育技能是教师职业技能的重要组成部分，掌握教育技能是成为合格教师的必要条件之一。孟燕平（2018）指出：全面教育技能素养包括观察学生、了解学生、把握学生特点和需求的能力，对课程、课堂、教学过程的设计、把控、评价能力，对教学行为的思考和调整能力，对学生学习方式的分析引领能力等。而师范生只有具备了教师特有的"望闻问切"技能，才能"走得进"学校课堂、"走得进"学生内心。宋红军（2018）则从语文学科角度提出：师范生语文教育技能多位一体教学培养模式的研究与构建，是当前师范院校实行教学改革的重要尝试与实践方向；着眼于未来教师队伍的高素质化，推行信息化教育技术能力培养提升意义重大。吴向文等（2016）指出，随着教育信息化与教师专业化的深入发展，师范生掌握一定教师教育实践技能的重要性逐渐被凸显出来。在新的时代背景下，只有那些经过高品质教师教育实践技能训练的师范生，才有可能在今后的教师生涯中表现出一定的专业性。从当前地方院校师范生培养的现状以及诸多用人单位的反馈意见来看，师范生的教育技能呈整体下滑趋势，这已经影响到整个基础教育的质量和可持续发展。

第二节　地方本科师范院校师范生教育技能的关键评价指标选取

　　笔者利用 Matlab 软件提取出访谈中出现频次较高的地方本科师范院校师范生的教育技能，它们分别是：①班主任工作；②实施德育；③沟通合作；④学生心理。然后，笔者以一线中小学教师、校长、行业标杆、骨干教师及兴义民族师范学院部分师范生为调查对象，通过问卷星平台进行线上问卷调查（发放问卷 500 份，回收 488 份，其中有效问卷为 479 份），以期对班主任工作、实施德育、沟通合作、学生心理四个三级指标进行两两比较，得出它们的重要程度。

一、班主任工作

班主任这一教师角色是随着"班级授课制"的产生而逐渐形成的。从严格的意义上讲，我国的班级授课制始于 1862 年京师同文馆的正式创立。京师同文馆采用了编班分级的授课方式。学制在我国一经产生，就设有班主任这一教育角色。

根据一些学者对班主任制度产生与变迁的研究，最初班主任角色只是专任教师的一种兼业，是在学科教学外的一种自然延伸和职责扩展，他们只是在教学之余充当班级管理者。但随着国家对青少年思想道德教育的重视，班主任的重要性也越来越凸显。《教育部关于进一步加强中小学班主任工作的意见》（教基〔2006〕3 号）中指出，"中小学班主任是中小学教师队伍的重要组成部分，是班级工作的组织者、班集体建设的指导者、中小学生健康成长的引领者，是中小学思想道德教育的骨干，是沟通家长和社区的桥梁，是实施素质教育的重要力量"。班主任教师应当把班主任工作作为主业。苏联教育家凯洛夫认为，班主任是在年级所有教师中任课最多和经验最丰富的教师，学校常常委托这些教师做很多附加任务，如负责安排本年级学生的生活、指导学生参加各项活动、安排和调整本年级所有教师的教育教学工作等工作。《辞海》对班主任的定义是：班主任是指在中国的中小学，在其他教师和学校领导的协调帮助下，全面负责一个班级学生的思想品德教育和组织工作的教师。

班主任工作看似事无巨细、庞杂无比，但其使命在于育人，在于促进学生的成长。《教育部关于进一步加强中小学班主任工作的意见》中明确了班主任的工作职责，即做好中小学生的教育引导工作，做好班级的管理工作，组织好班集体活动，关注每一位学生的全面发展。

南京师范大学《教育学》编写组在《教育学》（1984 年出版）一书中提出了班主任工作的主要任务：

（1）负责做好本班学生的思想政治工作，教育学生遵守学生守则，努力使本班形成一个遵守纪律、团结向上、勤奋学习、朝气蓬勃的集体。

（2）经常与科任教师联系，了解和研究学生的思想情况和学习情况；教育学生明确学习目的，端正学习态度，改进学习方法，学好各门功课，不断提高学习成绩。

（3）关心学生的生活和身体健康，加强生活管理，组织和指导本班学生参加文体活动，搞好清洁卫生，培养学生具有良好的生活习惯。

（4）组织领导班委会的工作，指导本班共青团、少先队开展活动。

（5）组织领导本班学生参加生产劳动，指导学生参与课外活动，配合有关科任教师开展课外科技活动。

（6）与学生家长和社会有关方面取得联系，共同加强学生的思想政治工作，力求教育的一致性。

（7）在全面了解学生的基础上评定学生的操行，鼓励学生不断进步。

扈中平等主编的《现代教育学》（新编本）（2000年出版）一书，将班主任工作分为四个部分：①班主任的调查研究工作；②班主任组织和培养班集体的工作；③班主任协调教育影响的工作；④学生品行评价工作。

王道俊、郭文安主编的《教育学》（2009年出版）一书，在"班主任"一节中提到了"班主任工作的内容与方法"，列举了班主任工作的内容：①了解和研究学生；②教导学生学好功课；③组织班会活动；④组织课外活动、校外活动和指导课余活动；⑤组织学生劳动；⑥协调各方面对学生的要求；⑦评定学生操行；⑧做好班主任工作的计划与总结。

二、实施德育

德育的概念有广义和狭义之分。从广义来说：德育包括思想教育、政治教育、法制教育、道德教育和心理健康教育。如《国家教委关于正式颁发中学德育大纲的通知》中指出："德育即对学生进行政治、思想、道德和心理品质教育。"《教育部关于整体规划大中小学德育体系的意见》也指出："德育主要是对学生进行政治、思想、道德法制、心理健康教育。"南京师范大学教育系编著的《教育学》认为："德育是教育者按一定的社会要求，有目的有计划地对受教育者心理上施加影响，以培养教育者所期望的思想品德。"他们还认为："思想品德，就其内容说，包括人们的政治立场、世界观以及道德品质等方面。因而，我们所说的德育，包括对学生的共产主义思想教育、政治教育和道德品质教育。"

从狭义来看：伴随着人们对传统道德教育的反思，学术界对道德的研究越来越精细化。有学者开始将德育定义为单纯的道德教育，德育即道德教育的简称，不包括政治教育、法制教育和心理教育，这样做的目的是厘清学术研究的学科边界。单从这几个词语的字面来看，每个词义必定是不相同的，况且，思想教育、政治教育、道德教育乃至心理教育都有各自科学的定义和发展规律，其实践过程必定是各有特色的，不能简单地整合在一起。有人担心将德育定义为道德教育是不是抛弃了政治教育和思想教育，实际上，将德育定义为道德教育，并不是不要政治教育和思想教育，而是为了便于寻找有效提升道德教育的途径和方法。在实践中，政治教育、思想教育、道德教育和心理教育是有机联系且不可分割的，它们共同作用于学校德育体系。

学科教学作为知识传授的重要载体，也同样是对学生开展德育的一个重要的渠道，所以在平时的教学中，教师通过在学科教学中实施德育教育，是有效开展德育的有效途径。德育是一切教育的根本，只有做好了德育教育才能做好学生的知识教育。例如，生物学教师在教学过程中，应该不断发掘生物学课本中可以进行德育教学的素材，选择合适的时机，通过实验等手段实施德育教育，明确教学中爱国主义教育、辩证唯物主义教育、生态道德教育和生命伦理教育的渗透点。又如，实施艺术教育的过程，也是实施德育的过程。艺术教育和德育教育是一致的，是培养全面发展人才的重要措施。教师应把德育寓于民族艺术教育之中，既寓教于乐，又寓教于德。最后，广泛开展课外活动，也是实施德育的重要途径。总体来说，德育的实施渗透在课堂中、学科中。在班级活动中实施德育教育，能够让学生在潜移默化中接受德育内容。

三、沟通合作

（一）师生沟通

师生沟通是指教师与学生之间建立的一种沟通与对话，这里所说的"对话"涉及双方平等、民主的人际关系以及个体开放的心态。新型师生关系表明，教师与学生不再是纯粹的教授知识与接收信息的关系，而是有更多精神层面的沟通与交流。教师与学生在人格、尊严上是平等的，只有当教师真正去了解学生的心理、价值观和思想世界时，才能真正地做到教育是为了学生的一切和为了一切学生。

教学的过程是师生在交往和互动中传递知识的过程。在这一过程中，学生是主体，教师是辅助，两者必须相互配合、相辅相成。教师必须重视与学生之间的有效沟通，从而调动学生的主体性和积极性。这种有效沟通贯穿于整个教学过程之中，是全方位、多角度、多功能的交流。良好的师生关系是教育效能产生的关键，它对于学生思想品德的养成、智能的培养以及身心和个性的全面发展都大有裨益。而良好的师生关系的建立则有赖于师生之间的有效沟通。师生沟通的重要性可见一斑。

教育哲学家布贝尔认为，教育的全部意蕴都包含在师生关系中，教育过程甚至可以看作师生关系形成和建立的动态过程。因为教育的目的和任务并不是单纯传授文化知识，发展学生的创造能力，更是要培养学生的交往能力，教会学生如何与人相处，如何建立良好的人际关系。在学校教育中，师生之间的沟通，是学生获得人际交往技能和建立价值观念体系的基础。美国教育家季洛特说："教师的工作不仅仅是知识的传授，更重要的是处理好复杂的人际关系。教师必须要重视与学生的关系，要能获得每个学生的心。"

如今的新型师生关系强调的是人格的平等、交互的沟通、融洽的氛围。师生沟通的重要性在师范生专业技能中也起着重要的作用。俗话说"师傅领进门，修行靠个人"。想要成为一名合格的领路人，还需要教师和学生的密切配合。在教学中，二者配合最直接和最有效的方式就是密切沟通。

（二）家校沟通

爱波斯坦认为，家校沟通与学校课程的实施和学生进步有着密切的联系。有效的和清晰的双向沟通鼓励家庭和学校之间的合作，并且让学生了解家校沟通能为他们的学业成就做出很大努力。家校沟通有多种方式，如家长会、家访、学生学习情况报告卡、电子邮件、电话、班级网站等等。任何时候的家校沟通都具有一定的挑战性。家校沟通必须是明确有效的，学校需要考虑到各种可能影响有效家校沟通的因素，如语言障碍和家庭文化水平。越来越多的学校将信息技术手段作为家校沟通的方式，然而需要注意的是，并非所有的家庭都有能力或条件去使用这些技术手段。

有效的家校沟通可以产生许多成果。对学生而言，他们是受益匪浅的，他们可以发现自己的进步然后更加努力学习。在让学生参与家校沟通的过程中，他们能更加清楚地知道自己必须脚踏实地采取行动好好学习，这样也能促使他们在学业上取得进步。让学生参与家校沟通的另一个好处就是，让学生更清楚自己在教育过程中的角色，知道自己想在学业上有所进步就必须肩负更多责任。

家校沟通对家长而言也是大有裨益的。在有效的家校沟通中，家长可以更加了解学校的政策、运作和课程，继而更加支持学校的教育工作。家长在和学校教师的沟通过程中，会对学校和老师越来越满意。

学校也能从有效的家校沟通中获益。无论是书面的还是口头的家校沟通，都能让家长更好地了解学校的政策、运作和课程，继而让家长更加支持学校的教育工作。家庭和学校之间明确的沟通，能够鼓励使用家长社区网络的家长与社区内的所有家庭进行交流，分享教育经验。

（三）师师沟通

师师沟通中的"师"是指狭义上的教师，主要指在中小学里负责学科教学的教育工作者。关于师师合作目前还没有统一的定义，基于对师师合作内在本质的把握，笔者认为可以从以下几个方面来阐释这一概念：第一，从合作的主体来看，合作的主体教师是具有自主性和能动性的个体；第二，从合作的动力来看，它是基于教师的自愿和主动，是内在的或自我激发的；第三，从合作的关系来看，教师之间是互相尊重、互相信赖、团结协作、相互支持、共享共创的；第四，从合作的过程来看，它是一个不间断的、连续的、螺旋式上升的过程，教师们的合作意识和能力得到不断提升；第五，从合作的结果来看，教师通过合作实现物质、能量、信息、情感等的交换，这不仅有利于教师间形成和谐的人际关系，也有利于提高教育教学效益，达到双赢或多赢。

传统的教师文化使教师一直奉行专业个人主义的作风，缺少与他人的合作交流。陶行知曾说过，人们简单地认为教师工作过于依赖经验的积累，而不是专业技能的提升。他们只需要接受几年的专业训练，获得教师资格后走上教学岗位，就可以几十年如一日，用自己熟悉的教案周期性地讲授相同的内容。正如《学记》中所说："独学而无友，则孤陋而寡闻。"一些教师会有"一套教材可以混一辈子，一本教参可以包打天下"的职业心态。此外，一些教师不愿将自己遇到的棘手问题提出来，觉得向同行坦白自己无法应对的问题，就等于承认自己的专业能力不足或自己的工作存在缺陷。课程改革给这一传统的教师文化带来了严峻的挑战，要求创建新型的教师文化。譬如综合课程的实施、校本课程的开发等，都需要教师进行跨学科的合作并改变传统的教学方式。

课程改革在知识结构、思维方式、教学能力以及教学手段方面都对教师提出了新的要求和标准。特别是在知识结构上，从原来要求教师会处理局部知识到处理学科内知识，发展到要求处理跨学科的知识。这就需要不同学科间、同学科间的教师互动合作，分享各自的专业特长与经验，才能完成这一任务。

同学生一样，教师之间在知识结构、智慧水平、思维方式、认识风格等方面存在着重大差异。即使教授同一课题的教师，在教学内容处理、教学方法选择、教学整体设计等方面也有明显的差异。这种差异是一种宝贵的资源，形成了各自的优势：有的教师转化差生有绝招，有的教师教学语言有特色，有的教师板书艺术性强，有的教师多媒体运用独到……比如，有位语文老师在教学生学习《探求月球奥秘》时，组织年级的地理、音乐、美术老师，形成一个四人教师小组。地理老师向学生介绍月球知识，音乐老师教学生唱歌《明月几时有》，美术老师教学生用画笔描绘美丽的月球，语文老师组织学生开展"丰富多彩的月亮文化"交流会，并对此次综合性学习进行总结。各学科教师通过合作把各自的优势汇聚成集体的优势，依靠集体的力量来解决那些单打独斗难以驾驭的问题。

叶澜等（1991）提出课程改革要求教师从"生存关注"（关注专业活动的生存技能）、"任务关注"（关注职业阶梯的升迁和更高的外在评价）转变为"自我更新关注"（关注学科知识的教学法而非学科知识），进而形成以关注学生的发展为宗旨的教育伦理观。"他山之石，可以攻玉。"如果教师在工作中遇到了难以解决的问题，也许某位同事就曾遭遇过，那么他的经验或教训就可直接吸取，也许某位同事的建议是你以前未曾想到过的，或许也值得一试……同事间的这种专业经验的分享与交流，让教师感知到自己的专业声音与观点，激励教师学习到有价值的替代经验，甚至批判、反思自己的经验，突破专业孤立，发展出相互支持的集体专业意识，形成更有效的教学策略，不断地对个人所持的行动假设做出挑战，促进自我发展。

四、学生心理

（一）心理诊断

诊断是医学中的一个重要概念和术语，它是指在医疗活动中专业技术人员通过详尽的检查及调查等方法，将所收集到的信息、资料经过"去粗取精、去伪存真、由表及里、由此及彼"等信息加工过程后对病人病情的基本认识和判断（洪炜 等，2004）。只有基于这样的认识和判断，医务人员才有可能制订下一步的治疗或干预方案，完成救治任务。

心理诊断也称为问题诊断，是指运用专业的心理学方法和技术，对就诊者的心理状态与行为特征进行全面的评估和鉴定，以确定就诊者心理问题的症结所在，为心理咨询和心理治疗提供必要的前提和保证。从认知行为治疗角度来看，心理诊断的任务主要是对就诊者的问题进行分析和确认，这种分析和确认（心理诊断）的过程贯穿于整个心理咨询和心理治疗的过程中。一般来说，就诊者最初提出的问题往往是表面的、肤浅的，对表面问题的分析和确认可促使心理咨询师由浅入深地对就诊者深层次的问题进行分析，找到就诊者问题或不适的根源，从而有针对性地给予帮助。

心理诊断这一概念虽然就内涵方面都是以观察法、会谈法、实验法或测验法来获取临床资料，并通过对资料的分析对就诊者的心理状态和个性特征做出判断，但由于工作对象和任务的不同，心理诊断这一概念在外延方面有广义和狭义两种。广义的心理评估，既涉及正常成人和儿童的心理能力和个性的测评，也涉及精神病人的辅助诊断。狭义的心理诊断则是专门为临床心理咨询和治疗而进行的心理测评工作。

（二）心理咨询

心理咨询是指在心理方面给咨询对象以阐释、帮助、劝告、引导。心理咨询可以改变咨询对象的认识、情感、意志和行为，解决他们在学习、工作、生活、疾病等方面的心理障碍，从而帮助他们更好地适应环境，保持心理健康。

传统的应试教育模式给青少年儿童的心理健康发展造成了消极影响，加上有些教师的教育方法不正确，如挖苦、讽刺学生，对学生不能一视同仁等，都严重地影响了青少年儿童良好心态的形成。孩子是祖国的未来，教师应注重对孩子的心理健康教育，培养出身体和心理都健康的新一代。要完成这项任务，学校不仅要对学生进行思想道德、文化知识、身体素质方面的教育，而且还应注重提高学生的心理素质。师范生在将来的就业中为了适应学生的心理变化，应学习如何对学生进行心理健康教育和如何向学生提供心理健康咨询和指导，帮助学生提高心理素质，增强学生承受挫折、适应环境的能力，培养学生自我教育、自我管理、自我服务、自我约束的能力。学校应适应新形势的需要，将心理咨询作为一项重要的教师工作，提高学生的心理素质，为学生排忧解惑。

（三）心理辅导

心理辅导是在班级情境下，借助团体心理咨询和辅导的理念、技术、手段，营造温暖、安全、相互尊重和理解的氛围，以班级建设和学生发展过程中出现的现实问题为内容，通过解决问题，促进班级、师生共同发展的教育活动过程（燕良轼，2006）。心理辅导是现代学校教育的重要组成部分，是以心理学、行为科学等多种学科理论的综合为依据的新兴教育方法，是学校自下而上有计划协助学生的一项工作。它以了解学生为基础，以创设和谐气氛与良好关系为前提，通过测试调查、班级活动、个别谈话，使学生了解自己、了解环境，使学生的身心实现健康成长和发展。它不是对学生的束缚和放任，而是向学生提供协助、服务和技巧。

心理辅导对于师范生是非常重要的。从中小学学生心理健康教育的角度出发，探讨师范生提升心理辅导能力的重要性及方法路径具有重要的理论和实践意义，教师开展心理辅导工作的前提是了解并掌握中小学学生心理发展的一般规律和新特点（刘永强，2005）。

第三节　地方本科师范院校师范生教育技能指标体系构建

为研究教育技能各要素之间的重要性，笔者将各要素进行两两比较，建立层次分析模型，计算出各要素的相对权重，并利用模糊综合评价法对师范生教育技能要素的重要程度做出评价，从而建立指标体系（如图 5-1 所示）。

	B_{31}	B_{32}	B_{33}	B_{34}	w_3
B_{31}	0.500	0.630	0.650	0.720	0.320
B_{32}	0.370	0.500	0.530	0.570	0.251
B_{33}	0.350	0.470	0.500	0.590	0.242
B_{34}	0.180	0.430	0.410	0.500	0.187

图 5-1　师范生教育技能模型中 B_3 层各三级指标的模糊一致矩阵及相对权重

如图 5-1 所示，在地方本科师范院校师范生的教育技能（B_3）中，各三级指标的 w_3 值分别为 0.320、0.251、0.242、0.187，其中 w_3 最高值为 B_{31}，最低值为 B_{34}。由此可知，在地方本科师范院校师范生的教育技能构成中，权重值最大的为班主任工作（B_{31}），第二为实施德育（B_{32}），第三为沟通合作（B_{33}），第四为学生心理（B_{34}）。也就是说，六个三级指标对二级指标（教育技能）的贡献程度由高到低依次为：班主任工作、实施德育、沟通合作、学生心理。

第六章 地方本科师范院校师范生教研技能的内涵、指标选取及指标体系构建

第一节 师范生教研技能的内涵及重要性

一、师范生教研技能的内涵

教研技能是指教师在教育教学过程中，从事与教学有关的各种课题的研究与创造能力。教师具备良好的教研能力已经成为新时代对教师的必然要求，但是教师的专业化和教研能力现状并不如人意，具体表现在：教师教研意识欠缺，能力较差，缺乏科学的教育理论知识等。本科阶段是师范生打下教研基础的关键阶段，师范院校必须承担起培养（准）教师教研能力的重任，正确把握教研能力的内涵，探求培养教研能力的有效途径。

二、师范生教研技能的重要性

教研是教师成长的重要保障。教育实习是师范生参与教研活动训练的重要途径。然而，目前师范生在教育实习中更重视课堂技能，忽视了教研技能的培养的重要性。教育科研对教师专业素质提升，包括对教师专业理论水平的提升、对教师专业知识的拓展、对教师专业能力的提高、对教师

专业自我的形成都有促进作用。教师可以通过学习培训、校本教研、课题研究、教学反思、教科研结合等途径实现专业发展。《礼记·学记》中有这样一句话："是故学然后知不足，教然后知困。知不足，然后能知反也。"教师应不断对教学实践中存在的问题进行反思，激发教学中的新思维，用新方法解决教学中遇到的问题，从而实现可持续性发展。

第二节 地方本科师范院校师范生教研技能的关键评价指标选取

笔者利用 Matlab 软件提取出访谈中出现频次较高的地方本科院校师范生基础技能，它们分别是：①问题意识；②课题论证；③文献检索；④实施调查；⑤实施观察；⑥实施措施。然后，笔者以一线中小学教师、校长、行业标杆、骨干教师及兴义民族师范学院部分师范生为调查对象，通过问卷星平台进行线上问卷调查（发放问卷 500 份，回收 488 份，其中有效问卷为 479 份），以期对问题意识、论证课题、文献检索、实施调查、实施观察、实施措施六个三级指标进行两两比较，得出它们的重要程度。

一、问题意识

英国哲学家弗兰西斯·培根曾说："如果你从肯定开始，必将以问题告终；如果你从问题开始，必将以肯定告终。"教师教研并不是"复杂""深邃""顽固"的代名词，如何有效地开展教师教研活动，激发教师的主动参与，并让教师在过程中享受收获的喜悦？这需要教师具备问题意识。

人们经常会遇到一些不明白的问题或者是现象，并且通常会产生疑问、探求的心理状态。问题意识也称为思维的问题性心理品质，是指人们在认识活动中，经常意识到一些难以解决的、疑惑的实际问题或理论问题，并产生一种怀疑、困惑、焦虑、探究的心理状态。爱因斯坦说："提出一个问题，往往比解决问题更重要。"因为解决一个问题，也许仅是数学上或实验上的技能而已，而提出新的问题、新的可能性，以及从新的角度去看旧的问题，却需要有创造性的想象力，标志着科学的真正进步。

问题是需要发现的。无论是在班级日常活动，还是在教研活动中，我们都会发现各种各样的问题存在。要想把活动顺畅地推进，就必须全方位地深入分析、找到问题、发现症结，进而有针对性地、有实效地解决问题。如：课程目标的制定、课程内容的选择、课程的组织与实施都需要教师带着问题意识进行。又如：在一次年级教研活动中，一节看似舒服、通畅的课堂活动，为什么会没给人留下深刻的印象呢？或许，没特点就是缺点，我们需要换个角度看待活动。教师在教学中需要不断发现问题，不断寻求问题的解决方案，不断完善活动的设计与组织，带着问题看待教学活动，带着问题意识看待学生，才能取得事半功倍的效果。

二、论证课题

论证课题可以使教师对教育情景更加敏感，认识和识别自己所处的情景和遇到的问题，并不断优化策略，改进教育行为，促使教师不断生成属于自己的教育智慧。随着课题的深入展开，教师会不知不觉踏上研究之路，在"学习、实践、反思"这三者之间循环游走。

首先，论证课题会使教师不断地读书学习，滋养教师的底气与灵气。论证课题促使教师把学习变成内需，而非外因。在教师意识到一个教学问题后，他可通过长时间读书、与同事讨论来解决问题。对研究型教师而言，学习是生活、学习是工作、学习是一种责任，学习是生命的重要组成部分。教师学识的广度、厚度、深度决定着其能把学生托起的高度。其次，论证课题帮助教师养成反思的习惯和意识，引领教师走向卓越。古人云："吾日三省吾身。""思想从何而来？关键要学会思考。思广则能活，思活则能深，思深则能透，思透则能明。"教师在论证课题时，会回到一种本真的状态来看待日常教学中的点点滴滴，这能够让教师及时发现不足之处。教师不只是执行和完成教学任务，而是作为一个自觉的反思者，在不断的自我追问中，对自己的教学进行反思，反思自己的教学实践，反思自己的教学观念、教学行为以及教学效果。

教师通过论证课题①，将自己的日常反思和问题意识转变为教育研究，从而不断更新教学观念，改善教学行为，提升教学水平；并形成自己对教学现象、教学问题的独立思考和创造性见解，使自己真正成为教学和教学研究的主人，提高教学工作的自主性，克服被动性、盲目性，最后为教学实践服务，实现教师队伍的整体优化。

三、文献检索

文献检索是指根据学习和工作的需要获取文献的过程。随着现代网络技术的发展，文献检索更多是通过计算机技术来完成。

文献概念的发展经历了几个阶段。"文献"一词最早见于《论语八佾》。宋代朱熹解释为：文指典籍，献指熟知史实的贤人。在近代，"文献"一般理解为具有历史价值的文章和图书或与某一学科有关的重要图书资料。现代学者认为，文献是记录有人类知识和信息的一切载体。它由四个要素构成：文献内容、载体材料、信息符号和记录方式。

狭义的检索是指依据一定的方法，从已经组织好的大量有关文献集合中，查找并获取特定的相关文献的过程。这里的文献集合，不是通常所指的文献本身，而是关于文献的信息或文献的线索。

广义的检索包括信息的存储和检索两个过程。信息存储是指将大量无序的信息集中起来，根据信息源的外表特征和内容特征，经过整理、分类、浓缩、标引等处理，使其系统化、有序化，并按一定的技术要求建成一个具有检索功能的数据库或检索系统，供人们检索和利用。而检索是指运用编制好的检索工具或检索系统，查找出满足用户要求的特定信息。

文献检索是一项实践性很强的活动，也是一项教师教研所需要具备的

① 一般来说，课题论证的基本内容包括以下十个方面：①论证课题的名称；②论证课题研究的目的和意义；③论证课题研究的内容和对象的国内外研究历史和现状；④论证课题研究的内容；⑤论证课题研究的思路和重难点；⑥论证课题研究的方法；⑦论证课题研究的步骤及时间安排；⑧论证课题的成果形式；⑨论证课题研究的组织机构和人员分工；⑩论证课题研究的保障机制及其他问题。

基本能力和素养。它要求教师善于思考，并通过经常性的实践，逐步掌握文献检索的规律，从而迅速、准确地获得所需文献。一般来说，文献检索可分为四个基本步骤：①明确查找目的与要求；②选择检索工具；③确定检索途径和方法；④根据文献线索，查阅原始文献。

文献检索是师范生在未来的工作岗位上读书治学的基本功。文献检索技能是智能的重要组成部分。师范生无论是在求学还是在工作期间，都需要进行这种智能的培养和训练。掌握了文献检索方法如同有了打开知识宝库的金钥匙、泛舟书海的指南。

四、实施调查

实施教育调查和教育观察是教师进行教育课题研究的基本方法，也是未来的教育研究者需要掌握的最基本的研究技能。教育调查是指通过对教育事实的考察、现状的了解，材料的收集来认识教育问题或探讨教育现象之间的联系而采取的有目的、有计划、有系统的研究方法。中小学教师常用的教育调查主要有问卷调查法和访谈法。

问卷调查是指调查者用书面或者电子形式收集资料的一种手段。教师根据调查内容和调查项目制作调查问卷，并将其发放给调查对象等有关人员进行填写，然后进行信息的收集、整理和统计。问卷调查能够帮助教师在最短的时间内调查众多对象，不受时间和地点的限制，具有省时省力的优点。此外，调查问卷可以进行一致性控制，结果相对客观并且易于统计。

访谈是指研究者寻访、访问被调查者并且与其进行交谈和询问的研究手段。访谈法可以帮助教师获得非行为性的意义感、价值观念或情感信仰等内在的东西。尤其在解释学生行为时，教师可通过访谈了解真实的情况。

五、实施观察

教育观察是指教师在自然（不加控制）的条件下，有目的、有计划地对自然的教学现场和人物进行考察。教育研究者可以用观察法密切接触和融入被观察者的学习和生活中，在密切的观察中，体验、了解、解释被观察者的一言一行。

六、实施措施

教育研究者在确定研究主题，论证研究计划，进行文献检索并进行教育调查和观察后，通过自己的反思并结合实践，开始进行改善性实践探索，实施教育改进措施以解决实际问题。师范生在就业后将针对教育教学实践中产生的问题，与其他教师共同合作，边研究边行动边实施改进措施，不断探索改进和解决问题的方法。

第三节　地方本科师范院校师范生教研技能指标体系构建

为研究教研技能各要素之间的重要性，笔者对各要素进行两两比较，建立层次分析模型，计算出各要素的相对权重并利用模糊综合评价法对师范生教研技能要素的重要程度做出评价，从而建立指标体系（见图 6-1）。

	B_{41}	B_{42}	B_{43}	B_{44}	B_{45}	B_{46}	w_4
B_{41}	0.500	0.550	0.550	0.540	0.590	0.570	0.184
B_{42}	0.450	0.500	0.510	0.540	0.560	0.540	0.172
B_{43}	0.450	0.490	0.500	0.530	0.550	0.530	0.170
B_{44}	0.460	0.460	0.470	0.500	0.570	0.510	0.165
B_{45}	0.410	0.440	0.450	0.430	0.500	0.410	0.145
B_{46}	0.430	0.460	0.470	0.490	0.500	0.500	0.163

图 6-1　师范生教研技能模型中 B_4 层各三级指标的模糊一致矩阵及相对权重

如图 6-1 所示，在地方本科师范院校师范生的教研技能（B_4）中，各三级指标的 w_4 值分别为 0.184、0.172、0.170、0.165、0.145、0.163，其中 w_4 最高值为 B_{41}，最低值为 B_{45}。由此可知，在地方本科师范院校师范生的教研技能构成中，权重值最大的为问题意识（B_{41}），第二为论证课题（B_{42}），第三为文献检索（B_{43}），第四为（B_{44}）为实施调查，第五为实施措施（B_{46}），第六为实施观察（B_{45}）。也就是说，六个三级指标对二级指标（教育技能）的贡献程度从高到低依次为：问题意识、论证课题、文献检索、实施调查、实施措施、实施观察。

第七章 基于兴义民族师范学院师范生专业技能评价的实证研究

笔者在利用模糊层次综合评价法建立了地方本科师范院校师范生的专业技能的考核指标体系模型后，对兴义民族师范学院师范生的专业技能进行了实证分析。

第一节 兴义民族师范学院小学教育专业简介

兴义民族师范学院的教育科学学院于 2013 年开设小学教育本科专业。该专业前身为初等教育专业，在 2018 年被确定为兴义民族师范学院"小学教育专业一流专业"建设单位，为兴义民族师范学院教育硕士学位重点建设专业。兴义民族师范学院于 2019 年与教育部普通高等学校人文社会科学重点研究基地——北京师范大学教师教育研究中心共建西南民族地区教师教育研究中心，积极开展西南民族地区教师教育研究和教师培训工作，取得了一定的成效。

为了加强对师范生专业技能的培养，该专业从 2018 年起开始实行"四年一贯"的师范生专业技能考核。本书通过对兴义民族师范学院小学教育专业人才培养目标及课程开设方案的分析，利用前文建立起来的考核指标模型，对每一个指标进行科学的观测、量化并打分。同时，本书选取了兴义民族师范学院小学教育专业五位学生（师范生 A、师范生 B、师范生 C、师范生 D、师范生 E）的专业技能考核原始数据来进行实证研究，以验证并修正前文所建立起来的考核指标体系。

一、小学教育专业人才培养目标

（一）总体目标

本专业以习近平新时代中国特色社会主义思想、习近平总书记关于教育的重要论述为指导，面向区域基础教育发展需求，立足黔西南、面向贵州，扎根基层，培养热爱基础教育、适应当前基础教育改革，具有良好的思想品德、扎实的专业知识、较强的专业实践能力，具备一定的民族文化素养和专业发展的意识与能力，能在城乡教育机构从事小学教育教学和管理的应用型人才。

小学教育专业学生在毕业 5 年后预期达成的目标：

（1）在教育教学和日常生活中坚守、践行和传播社会主义核心价值观，具有健全的人格、良好的品德修养、高尚的职业道德、良好的从教意愿和教育情怀。

（2）掌握扎实的学科专业知识，拥有开阔的专业视野，具有严谨的专业态度和良好的学科素养，对小学各学科有着较为深入的理解，具有良好的教学能力。

（3）主动开展基础教育教学改革，能够针对教育教学工作中的现实需要与问题进行探索，具有基本的教学研究能力。

（4）熟悉小学班级管理和德育工作，具有良好的学生工作能力；能够有机结合学科教学开展育人活动。

（5）能正确了解自己的优势与局限，追求自我完善，通过继续教育或其他终身学习途径增加知识并提升能力，具有终身学习和专业发展的意识与能力。

（二）具体目标

1. 践行师德

（1）师德规范方面。

践行社会主义核心价值观，对中国特色社会主义具有强烈的思想认同、政治认同、理论认同和情感认同。贯彻新时代党的教育方针，遵守《中小学教师职业道德规范》和教育政策法规，以立德树人为己任，立志成为有理想信念、有道德情操、有扎实学识、有仁爱之心的好老师。

①理想信念方面。学习贯彻习近平新时代中国特色社会主义思想，深入学习习近平总书记关于教育的重要论述，以及党史、新中国史、改革开放史、社会主义发展史内容，形成对中国特色社会主义的思想认同、政治认同、理论认同和情感认同，能够在教书育人实践中自觉践行社会主义核心价值观。

树立职业理想，立志成为有理想信念、有道德情操、有扎实学识、有仁爱之心的好老师。

②立德树人方面。理解立德树人的内涵，形成立德树人的理念，掌握立德树人的途径与方法，能够在教育实践中实施素质教育，依据德智体美劳全面发展的教育方针开展教育教学，培育发展学生的核心素养。

③师德准则方面。具有依法执教意识，遵守《中华人民共和国宪法》《中华人民共和国民法典》《中华人民共和国教育法》《中华人民共和国教师法》《中华人民共和国未成年人保护法》等法律法规，在教育实践中能履行应尽义务，自觉维护学生与自身的合法权益。

理解教师职业道德规范的内涵与要求，在教育实践中遵守《新时代中小学教师职业行为十项准则》，能分析解决教育教学实践中的相关道德规范问题。

（2）教育情怀方面。

认同小学教师的专业性和独特性，具有良好的从教意愿，具有积极的情感、端正的态度、正确的价值观，对投身基础教育教学工作有使命感和责任感。具有一定的人文底蕴和科学精神，尊重学生人格，富有爱心、责任心，愿做学生发展的引路人。

①职业认同方面。具有家国情怀，乐于从教，热爱教育事业。认同教师工作的价值在于传播知识、传播思想、传播真理，塑造灵魂、塑造生命、塑造新人；了解小学教师的职业特征，理解教师是学生学习的促进者与学生成长的引路人，创造条件帮助学生自主发展。

领会小学教育对学生发展的价值和意义，认同促进学生全面而有个性地发展的理念。

②关爱学生方面。做学生锤炼品格、学习知识、创新思维、奉献祖国的引路人，公正平等地对待每一名学生，关注学生成长，保护学生安全，促进学生身心健康发展。

尊重学生的人格和学习发展的权利，保护学生的学习自主性、独立性和选择性，关注个体差异，相信每名学生都有发展的潜力，乐于为学生创造发展的条件和机会。

③用心从教方面。树立爱岗敬业精神，在教育实践中能够认真履行教育教学职责与班主任工作职责，积极钻研。

④自身修养方面。具有健全的人格和积极向上的精神，有较强的情绪调节与自控能力，能积极应变，比较合理地处理问题。

掌握一定的自然和人文社会科学知识，传承中华优秀传统文化，具有人文底蕴、科学精神和审美能力。

仪表整洁，语言规范健康，举止文明礼貌，符合教师礼仪要求和教育教学场景要求。

2. 学会教学

掌握小学各学科的基本知识、基本原理和基本技能，理解小学各学科知识体系、基本思想、方法及其独特性。了解小学各学科之间的关系，了解所教学科与社会实践的联系，能够运用教育学、心理学基础理论指导小学各学科的教学实践。

（1）教育基础方面。

掌握教育理论的基本知识，能够遵循小学教育规律，结合小学生认知发展特点，运用教育原理和方法分析和解决教育教学实践中的问题。

（2）学科素养方面。

掌握主教学科的基本知识、基本原理和基本技能，理解学科知识体系的基本思想和方法。了解兼教学科的基本知识、基本原理和基本技能，并具有一定的综合运用学科知识的能力。

熟悉常见的儿童科普读物和文学作品，具有一定的阅读理解能力、语言和肢体语言表达能力。

（3）信息素养方面。

了解信息时代对人才培养的新要求。掌握信息化教学设备、软件、平台及其他新技术的常用操作，了解其对教育教学的支持作用。具有安全、合法与负责任地使用信息与技术，主动适应信息化、人工智能等新技术变革并利用新技术有效开展教育教学的意识。

（4）知识整合方面。

了解学科整合在小学教育中的价值，了解学习科学相关知识，以及所教学科与其他学科、小学生生活实践的联系。具备一定的跨学科知识，能指导综合性学科教学活动。

了解融合教育的意义和作用，掌握随班就读的基本知识及相关政策，基本具备指导随班就读的教育教学能力。

（5）教学能力方面。

能够熟练使用普通话和现代教育技术手段，具备现代的教育理念及教育能力，掌握三笔字、普通话、课件制作、教具制作、简笔画等教师基本技能，能够依据所教学科的课程标准，针对小学生身心发展和学科认知特点，运用学科教学知识和信息技术，进行教学设计、实施和评价，获得教学体验，具备教学基本技能，具有初步的教学能力和一定的教学研究能力。

第一，学会教学设计。

①熟悉课标方面。熟悉拟任教学科的课程标准和教材，理解教材的编写逻辑和体系结构，合理掌握不同学段目标与内容的递进关系，具有依据

课标进行教学的意识和习惯。

②掌握技能方面。具备钢笔字、毛笔字、粉笔字、简笔画、普通话与相关学科实验操作等教学基本功，通过微格训练学习，系统掌握导入、讲解、提问、演示、板书、结束等课堂教学基本技能操作要领与应用策略。能依据单元内容进行整体设计，科学合理地依据教学目标及内容设计作业，并实施教学。

③分析学情方面。了解分析小学生学习需求的基本方法，能根据小学生已有的知识水平、学习经验和兴趣特点，分析教学内容与学生已学知识的联系，预判学生学习的疑难之处。

④设计教案方面。准确把握教学内容，理解本课（单元）在教材中的地位以及与其他课（单元）的关系，能根据课程标准要求和学情分析确定恰当的学习目标和学习重点，设计学习活动，选择适当的学习资源和教学方法，合理安排教学过程和环节，科学设计评价内容与方式，形成教案与学案。

了解小学综合课程和综合实践活动的基本知识，能根据教学要求和学生兴趣进行教学设计。

第二，实施课程教学。

①情境创设方面。能够创设教学情境，建立学习内容与生活经验之间的联系，激发学习兴趣，引导学生积极参与学习活动。

②教学组织方面。基本掌握教学组织与课堂管理的形式和策略，能够科学准确地呈现和表达教学内容，根据小学生课堂反应及时调整教学活动，控制教学时间和教学节奏，合理设置提问与讨论，引发小学生的主动学习和探究学习，达成学习目标。

③学习指导方面。依据小学生认知特点、学习心理发展规律和个体差异，指导小学生开展自主、合作、探究性学习，注重差异化教学和个别化指导，引导小学生体验学习的乐趣，保护小学生的求知欲和好奇心，培养小学生的广泛兴趣、动手能力和探究精神。

了解不同类型的信息技术资源在为学生提供学习机会和学习体验方面

的作用，合理选择与整合信息技术资源，为学生提供丰富的学习机会和个性化学习体验。

能够运用课堂结束技能，引导学生对学习内容进行归纳、总结，合理布置作业。

④教学评价方面。树立促进学生学习的评价理念，理解教育评价原理，掌握试题命制的方法与技术。能够在教学实践中结合作业反馈等实施过程评价，初步运用增值评价，合理选取和运用评价工具评价学习活动和学习成果。

能够利用技术工具收集学生学习反馈，跟踪、分析教学与学生学习过程中存在的问题与不足，形成基于学生学习情况诊断和改进教学的意识。

3. 学会育人

（1）班级指导方面。

树立德育为先理念，了解小学德育原理与方法。掌握班级组织与建设的工作规律和基本方法。能够在班主任工作实践中，参与德育和心理健康教育等教育活动的组织与指导，获得积极体验。

①德育意识方面。树立德育为先理念，了解小学德育原理与方法，掌握小学生品行养成的特点和规律，能有意识、有针对性地开展德育工作，帮助学生养成良好的行为习惯。

②班级管理方面。基本掌握班集体建设、班级教育活动组织的方法。熟悉教育教学、小学生成长生活等相关法律制度规定，能够合理分析解决教学与管理实践相关问题。

基本掌握学生发展指导、综合素质评价的方法。能够利用技术手段收集学生成长过程的关键信息，建立学生成长电子档案。能够初步运用信息技术辅助开展班级指导活动。

熟悉校园安全、应急管理相关规定，了解小学生日常卫生保健、传染病预防、意外伤害事故处理等相关知识，掌握特殊事件发生时保护学生的基本方法。

③心理辅导方面。关注学生心理健康，了解小学生身体、情感发展的

特性和差异性，基本掌握心理辅导方法，能够参与心理健康教育等活动。

④家校沟通方面。掌握人际沟通的基本方法，能够运用信息技术拓宽师生、家校沟通交流的渠道和途径，积极主动与学生、家长、社区等进行有效交流。

（2）综合育人方面。

了解小学生身心发展和养成教育规律。理解学科育人价值，能够融合学科核心素养进行育人活动。了解学校文化和教育活动的育人内涵和方法，参与组织主题教育和社团活动，对学生进行教育和引导，促进学生全面、健康和可持续发展。

①实施课程育人。

在育人理念方面，具有教书育人意识。理解拟任教学科课程独特的育人功能，注重课程教学的思想性，有机融入社会主义核心价值观、中华优秀传统文化、革命文化和社会主义先进文化教育，培养学生适应终身发展和社会发展所需的正确价值观、必备品格和关键能力。

在育人实践方面，理解学科核心素养，掌握课程育人方法和策略。能够在教育实践中，结合课程特点，挖掘课程思想政治教育资源，将知识学习、能力发展与品德养成相结合，合理设计育人目标、主题和内容，有机开展养成教育，进行综合素质评价，体现教书与育人的统一。

②组织活动育人。

在课外活动方面，了解课外活动的组织和管理知识，掌握相关技能与方法，能组织小学生开展丰富多彩的课外活动。

在主题教育方面，了解学校文化和教育活动的育人内涵与方法，学会组织主题教育、少先队活动、社团活动，对小学生进行教育和引导。

4. 学会发展

（1）学会反思方面。

了解基础教育改革的最新研究成果，了解相近专业的一般原理、知识和方法，了解人类文明发展的优秀成果，具有终身学习与专业发展的意识与能力，能够适应时代和教育发展需求，进行职业生涯规划。

①具有反思意识和批判性思维素养。

②初步掌握教育教学反思的基本方法和策略，能够对教育教学实践活动进行有效的自我诊断，提出改进思路。

（2）反思研究方面。

理解教师是反思性实践者这一特殊角色的内涵，能够运用批判的思维方法，辩证地看待小学教育中的各种问题，初步养成从不同角度反思和分析问题的习惯，具备一定的创新意识和探究能力。

①初步掌握教育教学科研的基本方法，能用以分析、研究小学教育教学实践问题，并尝试提出解决问题的思路与方法，具有撰写教育教学研究论文的基本能力。

②掌握专业发展所需的信息技术手段和方法，能在信息技术环境下开展自主学习。

（3）沟通合作方面。

理解学习共同体的作用，具备较强的适应能力、协调能力和创新能力，能投身团队合作学习和研究，具有团队协作精神，掌握沟通合作能力，具有团队合作的积极体验，不仅自己能积极开展小学互助和合作学习，还能指导学生开展小学学习与合作学习。

①沟通技能方面。具有阅读理解能力、语言与文字表达能力、交流沟通能力、信息获取和处理能力。

掌握基本沟通合作技能与方法，能够在教育实践、社会实践中与同事、同行、专家等进行有效沟通交流。

②共同学习方面。理解学习共同体的作用，掌握团队协作的基本策略，了解小学教育的团队协作类型和方法，具有小组互助、合作学习能力。

二、小学教育专业的课程开设方案

兴义民族师范学院小学教育专业的课程开设方案如表 7-1 所示。

表 7-1 兴义民族师范学院小学教育专业的课程开设方案

平台	模块	课程类别	课程名称	学分	学时	授课	实验（践）	考核类型	1	2	3	4	5	6	7	8	开课学院（部门）
通识素质平台	公共基础课模块	必修	马克思主义基本原理	3	48	32	16	S			3						
			思想道德与法治	3	48	32	16	C	3								
			毛泽东思想与中国特色社会主义理论体系概论	4	64	64	0	S				4					
			中国近代史纲要	2	32	16	16	C		2							
			贵州省情	1	*	*	*	C		*							
			形势与政策	2	*	*		C	*	*	*	*	*	*			
			军事理论	2	*	*		C	*								
			大学英语	12	192	192		S	4	4	2	2					
			计算机应用基础	2	*	*		S	*	*	*	*		*			
			大学体育	4	128	128		C	2	2	2	2					
			大学生职业生涯规划	1	*	*		C	*								
			大学生就业指导与创业基础	2	*	*		C						*			
			民族理论与民族政策	2	32	32		C				2					
			生态文明教育	1	16	16		C		1							
			劳动教育	1	16	16		C		1							
			国家安全教育	1	16	16		C		1							
			普通话	1	16	16		C		1							
			应修小计	44	608	560	48		9	12	7	10					
		选修	素质拓展课程	8	128			须在第 3～6 学期内选修满 8 学分									
			应修小计	8	128												
专业知识平台	学科共同课模块	必修	教育学原理	3	48	48	0	S	3								
			普通心理学	3	48	48	0	S	3								
			儿童发展与教育心理学	3	48	48	0	S		3							
			教育科学研究方法	3	48	30	16	S					3				
			应修小计（总学分记 11，1 分计入实践学分）	12	192	176	16		6	3			3				
	专业必修课模块	必修	小学班级管理	2	32	24	8	S			2						
			小学德育原理	2	32	32	0	S				2					
			课程与教学论	2	32	24	8	S				2					
			小学教育学	2	32	24	8	S				2					
			中国教育史	2	32	32	0	S					2				
			外国教育史	2	32	32	0	S					2				
			小学综合实践	2	32	24	8	C						2			
			教育管理学	2	32	32	0	C							2		
			spss 在教育统计中的应用	3	48	30	16	S							3		
			应修小计	19	304	264	40				2	6	4	2	5		

表7-1（续）

平台	模块	课程类别	课程名称	学分	学时	授课	实验(践)	考核类型	1	2	3	4	5	6	7	8	开课学院(部门)
专业知识平台	教师教育课模块	必修	教师职业道德	2	32	24	8	S		2							
			教育政策与法规	2	32	32	0	S				2					
			小学生心理健康教育	2	32	32	8	S						2			
			教师礼仪	2	32	32		C						2			
			微格教学	2	32	16	16	C		2							
			应修小计	10	160	136	24			4		2		4			
	专业选修课模块	小学学科方向	古代汉语	2	32	32	0	S		2							
			现代汉语	2	32	32	0	S				2					
			儿童文学	2	32	32	0	C						2			
			阅读与写作	2	32	24	8	C					2				
			小学语文教学设计（模拟练习）	2	32	16	16	C					2				
			小学语文课程与教学论（含课标解读）	2	32	16	16	C				2					
			文学概论	2	32	32		S					2				
			中国古代文学	2	32	32		S					2				
			中国现当代文学	2	32	32		S						2			
			初等数论	2	32	32		S			2						
			线性代数初步	2	32	32		S				2					
			空间几何初步	2	32	32		S					2				
			小学数学教学设计（模拟练习）	2	32	16	16	C					2				
			小学数学课程与教学论（含课标解读）	2	32	16	16	C				2					
			小学道德与法治课程与教学论	2	32	16	16	C				2					
			小学科学课程与教学论	2	32	16	16	C				2					
			小学英语课程与教学论	2	32	16	16	C			2						
			小学体育与健康课程与教学	2	32	16	16	C				2					
			美工基础（含简笔画）	4	64	32	32	C			2	2					
			声乐基础	4	64	32	32	C			2	2					
			儿童舞蹈基础	4	64	32	32	C			2	2					
			应最低修满22学分	48	768	536	232				12	20	12	4			
		小学民族文化特色课程	中国少数民族教育	2	32	32	0	C						2			
			中国少数民族教育史	2	32	32	0	C					2				
			少数民族文化通论	2	32	32	0	C						2			
			少数民族民间儿童游戏	2	32	32	0	C						2			
			少数民族传统手工艺（含教具制作）	2	32	32	0	C					2				
			应最低修满2学分	10	160	160	0						4	6			

表7-1（续）

平台	模块	课程类别	课程名称	学分	学时	授课	实验(践)	考核类型	一(1)	一(2)	二(3)	二(4)	三(5)	三(6)	四(7)	四(8)	开课学院(部门)
专业知识平台	专业选修课模块	教育素养课程	基础教育改革	1	16	8	8	C					1				
			家庭教育学	2	32	24	8	S						2			
			专业英语	2	32	32	0	C					2				
			经典教育名著导读	2	32	24	8	C						2			
			教师专业发展概论	2	32	24	8	S						2			
			乡村教育热点问题研究	1	16	8	8	C							1		
			教育哲学	2	32	32	0	C					2				
			经典教育电影赏析	2	32	16	16	C				2					
			三笔字	4	64	16	48	C			2	2					
			教师口语技能	2	32	0	32	C				2					
			现代教育技术（小学学科课件制作）	1	16	8	8	C					1				
			应最低修满学分14学分	21	336	192	144				2	2	5	9	3		
专业能力和职业技能平台	实验实践课程模块	公共实践	军事技能	2	*	√		C	√								
			阅读学分	1	*	√		C	√	√	√	√	√	√			
			学术及文化素质讲座	1	*	√		C	√	√	√	√	√	√	√		
			劳动技能	1	*	√	√	C	√	√	√	√	√	√			
			大学生创新创业实践（累积）	6	*		√	C	√	√	√	√	√	√			
			社会实践	1	*			C	√	√	√	√	√	√			
			思想政治理论课综合实践	3	*	√	√	C	√	√	√	√	√	√			
			应修小计	15													
		专业实践 / 学科实践	教育科学研究方法	1	1	√		C						*			
			小学班级管理	0.5	0.5	√		C				*					
			小学综合实践	0.5	0.5	√		C						*			
			课程与教学论	0.5	0.5	√		C				*					
			小学教育学	0.5	0.5	√		C				*					
			spss在教育统计中的应用	1	1	√		C						*			
			教师职业道德	0.5	0.5	√		C				*					
			小学生心理健康教育	0.5	0.5	√		C						*			
			微格教学	1	1	√		C				*					
			小学语文教学设计（模拟练习）	1	1	√		C					*				
			小学语文课程与教学论（含课标解读）	1	1	√		C				*					
			小学数学教学设计（模拟练习）	1	1	√		C					*				
			小学数学课程与教学论（含课标解读）	1	1	√		C					*				
			美工基础（含简笔画）	2	2	√		C			*	*					
			声乐基础	2	2	√		C			*	*					

表7-1（续）

平台	模块	课程类别	课程名称	学分	学时	授课	实验(践)	考核类型	1	2	3	4	5	6	7	8	开课学院(部门)
专业能力和职业技能平台	实验实践课模块	学科实践 / 专业实践	儿童舞蹈基础	2	2	√		C			*	*					
			基础教育改革	0.5	0.5	√		C					*				
			家庭教育学	0.5	0.5	√		C						*			
			经典教育名著导读	0.5	0.5	√		C					*				
			教师专业发展概论	0.5	0.5	√		C					*				
			乡村教育热点问题研究	0.5	0.5	√		C						*			
			经典教育电影赏析	1	1	√		C						*			
			毕业论文	6	*		√	C								*	
			应修小计	26.5													
		实习实训	教育见习	4	*	√		C		*	*	*	*	*			
			模拟实习	2	*	√		C						*			
			教育实习	6	*	√		C							*		
			第二课堂（学科竞赛）	1	*	√		C					*	*	*		
		师范生技能训练项目及考核	教师通用职业技能训练及考核 三笔字训练	5	1.5	√		C									
			教师口语技能		2	√		C									
			现代教育技术（小学学科课件制作）	0.5	0.5	√	C						*				
			师范生专业职业技能训练与考核 教学工作技能	9	*	√		C							*		
			教学技能（含班主任工作技能）		*	√		C					*	*	*	*	
			教研工作技能		*	√		C									
			应修小计	14.5													

注：C代表考查，S代表考试。

从人才培养目标来看，兴义民族师范学院的小学教育专业人才培养充分结合了2021年教育部发布的《小学教育师范生教师职业能力标准（试行）》"一践行三学会"，分别从"践行师德""学会教学""学会育人""学会发展"四个方面对小学教育专业师范毕业生的人才培养规格提出要求，符合地方本科师范院校师范性、地方性及民族性的应用型人才培养定位。从课程设置来看，兴义民族师范学院的小学教育专业所开设的课程可分为通识素质平台、专业知识平台、专业能力和职业技能平台三个部分，涵盖公共基础课模块、学科共同课模块、专业必修课模块、教师教育课模块、专业选修课程模块、实验实践课模块六个模块。实验实践课模块对该专业师范生技能训练与考核做出了清晰的要求，既包含了对三笔字、教师口语技能、现代教育技术（小学教育课件制作）在内的教师通用职业技能考核，也包含了对教师教育工作技能、教师教学工作技能和班主任工作技能在内的师范生专业技能的考核。

第二节　原始数据分析

一、原始数据的整理与获得

笔者对兴义民族师范学院小学教育专业 A、B、C、D、E 五位师范生的专业技能进行了考核，各项考核指标的原始数据如表 7-2 所示。

表 7-2　兴义民族师范学院小学教育专业五位师范生
专业技能的各项考核指标的原始数据

指标	A	B	C	D	E
普通话	87	88	85	81	86
三笔一画	82	86	87	89	88
教具制作	85	88	84	83	87
课件制作	85	80	80	87	88
基本礼仪	86	80	82	80	88
信息技术	85	88	84	83	87
计划实施	87	80	83	82	90
激励评价	82	88	89	87	88
专业发展	83	81	85	82	82
成长反思	82	83	81	80	88
民族课程	82	85	81	88	83
课堂管理	80	82	83	81	86
班主任工作	84	87	82	82	83
实施德育	98	94	90	93	96
沟通合作	87	80	88	81	89
学生心理	81	88	89	82	85

表7-2(续)

指标	A	B	C	D	E
问题意识	72	73	71	70	78
论证课题	72	75	71	78	73
文献检索	70	72	73	71	76
实施调查	74	77	72	72	73
实施观察	99	84	80	83	84
实施措施	71	78	79	72	75

数据来源于兴义民族师范学院小学教育专业五位师范生专业技能考核量表。

二、原始数据的规范化处理

(一) 数据规范化处理方法

本书已经建立了地方本科师范院校师范生专业技能考核指标体系，但是各绩效指标的意义并不相同，表现形式也不一样，有的是绝对指标，有的是相对指标；指标体系中大部分考核指标的数据层面多、来源也不同，数据类型也不同。因此，我们需要对数据进行量化处理，使得研究结果更为科学、更具实用性。

数据规范化处理的主要内容包括：在对指标进行标准化（无量纲化）处理时既要考虑到标准化参照体系的选择，又要考虑到标准化方法的合理性。从评价的角度看，指标通常可以划分为三种类型：①正向指标（指标值越大越好）；②逆向指标（指标值越小越好）；③适中型指标。对应指标的不同类型和不同的参照体系，指标的无量纲化处理方法也不同。对于正向指标，我们用式（7-1）进行标准化处理：

$$x_{ij}^* = \frac{x_{ij} - \min x_{ij}}{\max x_{ij} - \min x_{ij}} \tag{7-1}$$

其中，$i=1, 2, \cdots, p$；$j=1, 2, \cdots, n$。

对于逆向指标，用式（7-2）进行标准化处理：

$$x_{ij}^* = \frac{\max x_{ij} - x_{ij}}{\max x_{ij} - \min x_{ij}} \tag{7-2}$$

其中，$i=1，2，\cdots，p$；$j=1，2，\cdots，n$。

此方法不仅计算简单，而且标准化后的指标在［0，1］之间取值，方便控制综合指标的取值范围。由于本书所选的指标都是正向指标，因此用式（7-1）对数据进行标准化处理。

（二）规范化处理结果

本书选取的指标都属于正向指标，因此各项指标的无量纲化过程是相同的，即根据式（7-1）进行处理。由此我们可以计算出五位师范生专业技能各项考核指标的无量纲化结果（见表7-3）。

表7-3　五位师范生专业技能考核的无量纲化结果

指标	A	B	C	D	E
普通话	0.857	1	0.571	0	0.714
三笔一画	0.517	1	0	0.414	0.724
教具制作	0.4	1	0.2	0	0.8
课件制作	0.5	1	0	0.7	0.8
基本礼仪	0.6	1	0	0.2	0.8
信息技术	0.7	0	0.2	0	1
计划实施	1	0	1	1	0
激励评价	0.818	0	0.364	0.091	1
专业发展	1	0.25	0.083	0	0.067
成长反思	1	0	0.25	0	0.5
民族课程	1	0	0.3	0	0.6
课堂管理	1	0	0.5	0.5	0.75
班主任工作	1	0.5	0	0.375	0.75
实施德育	0.976	0	0.876	0.910	1
沟通合作	0.182	1	0	0.273	0.545
学生心理	0.5	1	0	0.7	0.8
问题意识	0.6	1	0	0.2	0.8
论证课题	0.7	0	0.2	0	1

表7-3(续)

指标	A	B	C	D	E
文献检索	1	0	1	1	0
实施调查	0.712	0	0.264	0.081	1
实施观察	1	0.25	0.083	0	0.067
实施措施	0.876	0	0.776	0.810	1

第三节　结论

笔者利用表7-3的标准化结果，结合之前得出的各指标的权重值，最后得出五位师范生的专业技能考核综合指数（结果分别见表7-4至表7-6）。

表7-4　五位师范生的三级考核指标指数

指标	A	B	C	D	E
普通话	0.058	0.066	0.038	0	0.049
三笔一画	0.068	0.132	0	0.055	0.096
教具制作	0.067	0.168	0.034	0	0.135
课件制作	0.050	0.100	0	0.070	0.080
基本礼仪	0.035	0.058	0	0.012	0.046
信息技术	0.024	0	0.007	0	0.034
计划实施	0.109	0	0.109	0.109	0
激励评价	0.009	0	0.004	0.001	0.011
专业发展	0.022	0.005	0.002	0	0.0015
成长反思	0.046	0	0.016	0	0.023
民族课程	0.093	0	0.028	0	0.056
课堂管理	0.007	0	0.0038	0.003	0.005
班主任工作	0.014	0.007	0	0.005	0.010

表7-4(续)

指标	A	B	C	D	E
实施德育	0.085	0	0.078	0.080	0.086
沟通合作	0.011	0.053	0	0.015	0.029
学生心理	0.083	0	0.018	0	0.026
问题意识	0.006	0	0.0048	0.006	0.004
论证课题	0.035	0.0071	0	0.006	0.020
文献检索	0.095	0.024	0.068	0.078	0.064
实施调查	0.021	0.056	0.005	0.055	0.029
实施观察	0.028	0.035	0.022	0.003	0.0025
实施措施	0.036	0.025	0.026	0.004	0.033

表 7-5　五位师范生的二级考核指标指数

指标	A	B	C	D	E
基础技能	0.126	0.198	0.038	0.055	0.145
教学技能	0.176	0.326	0.104	0.082	0.295
教育技能	0.119	0.236	0.109	0.190	0.264
教研技能	0.031	0.005	0.006	0.001	0.013

表 7-6　五位师范生的专业技能整体考核指标指数

指标	A	B	C	D	E
综合指数	0.698	0.589	0.383	0.350	0.662

根据表7-4到表7-6的数据，我们可以得出以下结论：

（1）在师范生的基础技能方面，由高到低排序，五位师范生得分依次为：师范生 B、师范生 E、师范生 A、师范生 D、师范生 C；

（2）在师范生的教学技能方面，由高到低排序，五位师范生得分依次为：师范生 B、师范生 E、师范生 A、师范生 C、师范生 D；

（3）在师范生的教育技能方面，由高到低排序，五位师范生得分依次为：师范生 E、师范生 B、师范生 D、师范生 A、师范生 C；

（4）在师范生的教研技能方面，由高到低排序，五位师范生得分依次为：师范生 A、师范生 E、师范生 C、师范生 B、师范生 D；

（5）该五位师范生专业技能的整体考核，由高到低排序依次为：师范生 A、师范生 E、师范生 B、师范生 C、师范生 D。

第八章　研究的不足与展望

本书聚焦于地方本科师范院校师范生专业技能考核指标，研究的问题涉及师范生在基础技能、教学技能、教育技能和教研技能方面的种种表现。考核的指标体系内容较多，限于笔者水平，本书所做研究中存在很多不足之处，主要包括以下两个方面：

首先，在实际中，师范生专业技能内涵多、范围广，因此，对于某些指标的选取受到上述方面的限制而不得不放弃。这在一定程度上影响了指标体系的完整性与准确性。本书所做研究只做了初步的尝试性探讨。对于一些问题，如考核指标、考核标准及权重的确定还需要根据各个学校的具体情况、具体问题做进一步深入分析。本书所做研究目的是构建一套科学的、可操作的、有效的地方本科师范院校师范生专业技能考核指标体系，以提高地方本科师范院校的考核水平。

其次，本书所做研究共进行了三轮访谈，历时一年半。通过三轮访谈，笔者收集了大量的访谈录音和原始记录。对各项指标的确定及其内涵，专家基本达成一致意见。根据访谈记录，笔者使用 Matlab 软件提取涉及师范生专业技能的高频词语，并以专家打分的方式进行两两比较，确定权重，力求做到公正和客观。但是本书所做研究所确定的指标权重可能会受不同专家的打分影响而发生微小变化，这需要在下一步的研究中进行改进。

参考文献

KATZENMEYER M，MOLLER G，1996. Awakening the sleeping giant：helping teachers develop as leaders［M］. Thousand Oaks：Corwin Press.

LAVE J，WENGER E，1991. Situated learning：legitimate peripheral participation［M］. Cambridge：Cambridge University Press.

STEWART T，2012. Classroom teacher leadership：service learning for teacher sense of efficacy and servant leadership development［J］. School Leadership & Management：Formerly School Organisation，32（3）：233.

SWAFFIELD S，MACBEATH J，2009. Leadership for learning［A］. In J. Mac Beath&N. Dempster（Eds.），Connecting leadership and learning：Principles for practice［C］. Hoboken：Taylor and Francis：32-52.

蔡丽，2010. 华文教育专业学生教育技能培养问题刍论［J］. 中国成人教育（5）：134.

蔡永，2007. 校本教研中的同课异构［J］. 青年教师（5）：43-44.

程京武，2008. 多元文化发展与民族文化主导的价值探析［J］. 求索（10）：61-63.

陈时见，2002. 课堂管理论［M］. 桂林：广西师范大学出版社.

陈佑清，2010. 反思学习：含义、功能与过程［J］. 教育学术月刊（5）：6-10.

陈玉琨，1998. 教育评价学［M］. 北京：人民教育出版社.

陈峥，2012. 新课程改革下的教师领导与教师专业发展［M］. 武汉：华中师范大学出版社.

陈时见，2002. 课堂管理论［M］. 桂林：广西师范大学出版社.

董泽芳，2008a. 加强师范生专业技能培养势在必行［J］. 大学（研究与评价）(6)：80.

董泽芳，陈文娇，2008b. 一个值得高度关注的教育话题：新政策背景下的师范生专业技能培养［J］. 教育研究与实验（2）：40.

付钰，2015. 论评"评课"［D］. 太原：山西师范大学.

顾明远，1991. 教育学大辞典［M］. 上海：上海教育出版社.

顾明远，2006. 我国教师教育改革的反思［J］. 教师教育研究（6）：3-6.

何光志，田维毅，王平，等，2014. 开展教研活动提升教师教学技能［J］. 北方药学（9）：130-131.

黄瑞青，2008. 发挥备课组作用，开展"同课异构"教研活动［J］. 广西教育（8）：26.

康颖卿，2006. 新课改下课堂规则的重建［J］. 成都教育学院学报（4）：24-25.

赖茂生，1995. 科技文献检索指导［M］. 北京：北京大学出版社.

乐瑶，2018. 师范生反思能力培养的行动研究［D］. 武汉：湖北师范大学.

李传银，刘绪良，李群，2004. 新课程背景下高师公共教育理论课改革探讨［J］. 济宁师范专科学校学报（6）：51-52.

李克东，1994. 教师职业技能训练教程［M］. 北京：北京师范大学出版社.

李清季，徐以民，2011. 新课改理念下学生课堂问题行为探究［J］. 当代教育论坛（3）：43-45.

李庆社，2009. 对同课异构教研模式的实践和思考［J］. 中小学教师培训（8）：45-46.

李本森，1994. 秩序、自由、道德：关于儒家思想与现代法律的若干思考［J］. 法学（2）：46-48.

李水霞，2014. 新课程下小学科学课程实施个案研究［D］. 长春：东北师范大学.

李志，1997. 课堂问题行为及控制［J］. 中小学教师培训（中学版）(4)：

23-27.

李兴良，马爱玲，2006. 教学智慧的生成与表达：说课原理与方法 ［M］.
北京：教育科学出版社.

李艳，2014. 高中历史"同课异构"教研活动研究 ［D］. 扬州：扬州大学.

梁延秋，2015. 师范生反思能力：内涵，特征与价值——基于教师专业发
展的视角 ［J］. 教师教育论坛（5）：32-36.

刘蒙蒙，2014. 高师本科生教学技能培养现状研究 ［D］. 开封：河南大学.

刘显国，2004. 课堂提问艺术 ［M］. 北京：中国林业出版社.

刘永强，2005. 论提高班主任心理辅导能力的途径和方法 ［J］. 陕西师范
大学学报（哲学社会科学版）（34）：80.

刘旭，2005. 新课程理念下的课堂教学：听课 说课 上课 ［M］. 成都：四
川教育出版社.

吕国光，2000. 不以规矩 不成方圆 ［D］. 西安：西北师范大学.

洪炜，汤艳清，郭蓄芳，2004. 心理治疗中诊断的概念与意义 ［J］. 中国
心理卫生杂志（8）：595-598.

孟燕平，2018. 试论师范生专业核心素养的内涵及提升策略 ［J］. 中国人
民大学教育学刊（2）：146.

屈小武，2006. 同伴互助听课 ［D］. 上海：华东师范大学.

合亚木·海排提，2016. 民族文化校本课程开发研究 ［D］. 上海：华东师
范大学.

宋红军，2018. 师范生语文教育技能多位一体教学培养模式研究 ［J］. 文
学教育（上）（11）：15.

孙野，2012. 教师课堂情绪管理能力及其应对学生课堂问题行为研究 ［D］.
重庆：西南大学.

陶行知，1985. 陶行知教育全集（三）［M］. 长沙：湖南教育出版社.

田歧立，2012. 改善思想政治教育专业师范生教育技能的路径 ［J］. 科教
导刊（上旬刊）（4）：137.

王冬梅，2001. 试论大学生礼仪教育与素质教育的关系 ［J］. 山西财经大

学学报（1）：82-84.

王丽丽，2014. 高等院校教师教育课程评价研究 [D]. 开封：河南大学.

王树林，殷永清，2016. 教育学 [M]. 天津：南开大学出版社.

王颖，2009. 关于专业课程教学中师范生教学技能培养的研究 [D]. 上海：华东师范大学.

王美，2018. 学习领导力：区域层面学校改进的新视角 [J]. 教育发展研究（18）：53-59.

吴刚平，2000. 论校本课程开发 [D]. 上海：华东师范大学.

吴向文，申学鹏，2016. 地方师范院校应用型转型中的教师教育技能课程体系构建 [J]. 课程教育研究（25）：179-180.

吴剑峰，1992. 秩序界说 [J]. 法学评论（3）：52-53.

熊川武，1999. 反思性教学 [M]. 上海：华东师范大学出版社.

徐玉珍，2001. 校本课程开发：概念解读 [J]. 课程·教材·教法（4）：12-17.

许成鹏，2007. 基于层次分析和模糊数学方法的高校教师绩效评价 [J]. 黑龙江教育（高教研究与评估）（3）：82-84.

旭红，蔡迎旗，2018. 多元文化视角下少数民族课程教育资源的开发策略 [J]. 贵州民族研究（11）：236-239.

匋渊，2004. 教师教学技能研究 [J]. 上海教育科研（8）：18-20.

押辉远，苗梦林，2015. 师范生教育实习中教研活动开展情况的调查研究 [J]. 高教学刊（16）：25-26，28.

燕良轼，2006. 大学生心理健康教程 [M]. 长沙：中南大学出版社.

叶澜，丁证霖，1991. 新编教育学教程 [M]. 上海：华东师范大学出版社.

张雳，2006. 论师范生的职业技能及其培养 [J]. 教育与教学研究（8）：37-39.

张人，2005. 如何调控课堂问题行为 [J]. 教书育人（8）：47.

张婷婷，2015. 提升数学师范生说课技能的实践研究 [D]. 扬州：扬州大学.

张颖，周小情，王加花，等，2008. 论师范生专业技能的构成要素及其评

价标准 [J]. 大学（研究与评价）(6)：94.

曾艳，黎万红，卢乃桂，2014. 学习的领导：理解教育领导的新范式 [J].
全球教育展望 (4)：31.

赵岩，2019. 运用"技能五步法"提高语文教研效度 [J]. 课程教育研究
(38)：62.

周恺林，2012. 教师专业成长反思的内涵、内容和途径 [J]. 基础教育研
究 (18)：54-55.

附　录

附录1　地方本科师范院校师范生专业技能的构成要素及评价指标体系的访谈提纲

1. 您认为地方本科师范院校师范生基础技能应该包括哪几个重要因素？请列举并说说为什么。

2. 您认为地方本科师范院校师范生教学技能应该包括哪几个重要因素？请列举并说说为什么。

3. 您认为地方本科师范院校师范生教育技能应该包括哪几个重要因素？请列举并说说为什么。

4. 您认为地方本科师范院校师范生教研技能应该包括哪几个重要因素？请列举并说说为什么。

附录2　地方本科师范院校师范生专业技能的构成要素及评价指标体系的调查问卷

您好，我们正在做关于师范生专业技能影响因素的调查，想问您几个相关问题，冒昧地占用您几分钟的时间配合我们完成问卷的填写，请您进行两两对比，按照其重要性，在选项"非常重要""重要""一般""不重要""非常不重要"中打"√"。

注：基础技能主要是指是教师的教学基本功，如口语技能、书写技能、信息技能等；教学技能主要是指教师在教学活动的开展过程中所使用的技能，如教学设计、教学操作与教学评价等；教育技能主要体现在教师对班级、学生的管理中以及实施德育的过程中；教研技能主要是指教师的教育教学研究技能。

第一部分　地方本科师范院校师范生专业技能部分

1. 基础技能与教学技能相比，您认为：

◎非常重要　　◎重要　　◎一般　　◎不重要　　◎非常不重要

2. 基础技能与教育技能相比，您认为：

◎非常重要　　◎重要　　◎一般　　◎不重要　　◎非常不重要

3. 基础技能与教研技能相比，您认为：

◎非常重要　　◎重要　　◎一般　　◎不重要　　◎非常不重要

4. 教学技能与教育技能相比，您认为：

◎非常重要　　◎重要　　◎一般　　◎不重要　　◎非常不重要

5. 教学技能与教研技能相比，您认为：

◎非常重要　　◎重要　　◎一般　　◎不重要　　◎非常不重要

6. 教育技能与教研技能相比，您认为：

◎非常重要　　◎重要　　◎一般　　◎不重要　　◎非常不重要

第二部分　地方本科师范院校师范生基础技能部分

7. 在基础技能中，普通话与三笔一画相比，您认为：

◎非常重要　　◎重要　　◎一般　　◎不重要　　◎非常不重要

8. 在基础技能中，普通话与教具制作相比，您认为：

◎非常重要　　◎重要　　◎一般　　◎不重要　　◎非常不重要

9. 在基础技能中，普通话与课件制作相比，您认为：

◎非常重要　　◎重要　　◎一般　　◎不重要　　◎非常不重要

10. 在基础技能中，普通话与基本礼仪相比，您认为：

◎非常重要　　◎重要　　◎一般　　◎不重要　　◎非常不重要

11. 在基础技能中，普通话与信息技术相比，您认为：

◎非常重要　　◎重要　　◎一般　　◎不重要　　◎非常不重要

12. 在基础技能中，三笔一画与教具制作相比，您认为：

◎非常重要　　◎重要　　◎一般　　◎不重要　　◎非常不重要

13. 在基础技能中，三笔一画与课件制作相比，您认为：

◎非常重要　　◎重要　　◎一般　　◎不重要　　◎非常不重要

14. 在基础技能中，三笔一画与基本礼仪相比，您认为：

◎非常重要　　◎重要　　◎一般　　◎不重要　　◎非常不重要

15. 在基础技能中，三笔一画与信息技术相比，您认为：

◎非常重要　　◎重要　　◎一般　　◎不重要　　◎非常不重要

16. 在基础技能中，教具制作与课件制作相比，您认为：

◎非常重要　　◎重要　　◎一般　　◎不重要　　◎非常不重要

17. 在基础技能中，教具制作与基本礼仪相比，您认为：

◎非常重要　　◎重要　　◎一般　　◎不重要　　◎非常不重要

18. 在基础技能中，教具制作与信息技术相比，您认为：

◎非常重要　　◎重要　　◎一般　　◎不重要　　◎非常不重要

19. 在基础技能中，课件制作与基本礼仪相比，您认为：

◎非常重要　　◎重要　　◎一般　　◎不重要　　◎非常不重要

20. 基础技能中，课件制作与信息技术相比，您认为：

◎非常重要　　◎重要　　◎一般　　◎不重要　　◎非常不重要

21. 在基础技能中，基本礼仪与信息技术相比，您认为：

◎非常重要　　◎重要　　◎一般　　◎不重要　　◎非常不重要

第三部分　　地方本科师范院校师范生教学技能部分

22. 在教学技能中，计划实施与激励评价相比，您认为：

◎非常重要　　◎重要　　◎一般　　◎不重要　　◎非常不重要

23. 在教学技能中，计划实施与专业发展相比，您认为：
◎非常重要　　◎重要　　◎一般　　◎不重要　　◎非常不重要

24. 在教学技能中，计划实施与成长反思相比，您认为：
◎非常重要　　◎重要　　◎一般　　◎不重要　　◎非常不重要

25. 在教学技能中，计划实施与民族课程相比，您认为：
◎非常重要　　◎重要　　◎一般　　◎不重要　　◎非常不重要

26. 在教学技能中，计划实施与课堂管理相比，您认为：
◎非常重要　　◎重要　　◎一般　　◎不重要　　◎非常不重要

27. 在教学技能中，激励评价与专业发展相比，您认为：
◎非常重要　　◎重要　　◎一般　　◎不重要　　◎非常不重要

28. 在教学技能中激励评价与成长反思相比，您认为：
◎非常重要　　◎重要　　◎一般　　◎不重要　　◎非常不重要

29. 在教学技能中，激励评价与民族课程相比，您认为：
◎非常重要　　◎重要　　◎一般　　◎不重要　　◎非常不重要

30. 在教学技能中，激励评价与课堂管理相比，您认为：
◎非常重要　　◎重要　　◎一般　　◎不重要　　◎非常不重要

31. 在教学技能中，专业发展与成长反思相比，您认为：
◎非常重要　　◎重要　　◎一般　　◎不重要　　◎非常不重要

32. 在教学技能中，专业发展与民族课程相比，您认为：
◎非常重要　　◎重要　　◎一般　　◎不重要　　◎非常不重要

33. 在教学技能中，专业发展与课堂管理相比，您认为：
◎非常重要　　◎重要　　◎一般　　◎不重要　　◎非常不重要

34. 在教学技能中，成长反思与民族课程相比，您认为：
◎非常重要　　◎重要　　◎一般　　◎不重要　　◎非常不重要

35. 在教学技能中，成长反思与课堂管理相比，您认为：
◎非常重要　　◎重要　　◎一般　　◎不重要　　◎非常不重要

36. 在教学技能中，民族课程与课堂管理相比，您认为：
◎非常重要　　◎重要　　◎一般　　◎不重要　　◎非常不重要

第四部分　地方本科师范院校师范生教育技能部分

37. 在教育技能中，班主任工作与实施德育相比，您认为：
◎非常重要　　◎重要　　◎一般　　◎不重要　　◎非常不重要

38. 在教育技能中，班主任工作与沟通合作相比，您认为：
◎非常重要　　◎重要　　◎一般　　◎不重要　　◎非常不重要

39. 在育技能中，班主任工作与学生心理相比，您认为：
◎非常重要　　◎重要　　◎一般　　◎不重要　　◎非常不重要

40. 在教育技能中，实施德育与沟通合作相比，您认为：
◎非常重要　　◎重要　　◎一般　　◎不重要　　◎非常不重要

41. 在教育技能中，实施德育与学生心理相比，您认为：
◎非常重要　　◎重要　　◎一般　　◎不重要　　◎非常不重要

42. 在教育技能中，沟通合作与学生心理相比，您认为：
◎非常重要　　◎重要　　◎一般　　◎不重要　　◎非常不重要

第五部分　地方本科师范院校师范生教研技能部分

43. 在教研技能中问题意识与论证课题相比，您认为：
◎非常重要　　◎重要　　◎一般　　◎不重要　　◎非常不重要

44. 在教研技能中，问题意识与文献检索相比，您认为：
◎非常重要　　◎重要　　◎一般　　◎不重要　　◎非常不重要

45. 在教研技能中，问题意识与实施调查相比，您认为：
◎非常重要　　◎重要　　◎一般　　◎不重要　　◎非常不重要

46. 教研技能中，问题意识与实施观察相比，您认为：
◎非常重要　　◎重要　　◎一般　　◎不重要　　◎非常不重要

47. 在教研技能中，问题意识与实施实验相比，您认为：
◎非常重要　　◎重要　　◎一般　　◎不重要　　◎非常不重要

48. 在教研技能中，论证课题与文献检索相比，您认为：
◎非常重要　　◎重要　　◎一般　　◎不重要　　◎非常不重要

49. 在教研技能中，论证课题与实施调查相比，您认为：

◎非常重要　　◎重要　　◎一般　　◎不重要　　◎非常不重要

50. 在教研技能中，论证课题与实施观察相比，您认为：

◎非常重要　　◎重要　　◎一般　　◎不重要　　◎非常不重要

51. 在教研技能中，论证课题与实施实验相比，您认为：

◎非常重要　　◎重要　　◎一般　　◎不重要　　◎非常不重要

52. 在教研技能中，文献检索与实施调查相比，您认为：

◎非常重要　　◎重要　　◎一般　　◎不重要　　◎非常不重要

53. 在教研技能中，文献检索与实施观察相比，您认为：

◎非常重要　　◎重要　　◎一般　　◎不重要　　◎非常不重要

54. 在教研技能中，文献检索与实施实验相比，您认为：

◎非常重要　　◎重要　　◎一般　　◎不重要　　◎非常不重要

55. 在教研技能中，实施调查与实施观察相比，您认为：

◎非常重要　　◎重要　　◎一般　　◎不重要　　◎非常不重要

56. 在教研技能中实施调查与实施实验相比，您认为：

◎非常重要　　◎重要　　◎一般　　◎不重要　　◎非常不重要

57. 在教研技能中，实施观察与实施实验相比，您认为：

◎非常重要　　◎重要　　◎一般　　◎不重要　　◎非常不重要